Ursula Kircher

Wandbehänge

Weben in freier Gestaltung

Walter Kircher KG, Marburg

2. Auflage 1982
ISBN 3-921398-03-7
Printed in Germany

Gewebe, Entwurf und Herstellung: Ursula Kircher
Fotos: Wolfgang Schick, Atzbach
Zeichnungen: Jürgen Pohle, Großenlüder/Müs
Gesamtherstellung: Joh. Aug. Koch, Marburg

Inhalt

Einführung

Weben gehört zu den ersten handwerklichen Tätigkeiten, die von Menschen ausgeübt wurden. Über Jahrtausende hat es eine dominierende Rolle im täglichen Leben der Menschen gespielt. Erst bei fortschreitender Industrialisierung ist die Herstellung von Gewebtem aus dem Bewußtsein der meisten Menschen entrückt, obwohl Gewebe als solche in unserer Umgebung nach wie vor mit zu den wichtigsten Dingen gehören.

Weben ist jedoch nicht nur die Herstellung von Stoffen für täglichen Gebrauch, es birgt dekorativ gestalterische und künstlerische Möglichkeiten in sich, die schon mit einfachen Mitteln hervorgeholt werden können.

Hier möchte das Buch anregen und zeigen, wie auf Webrahmen gewebt wird.

Der *Wandbehang Abb. 1 in der Größe 80/190* hat verschiedene Webtechniken. Teilstücke, gewebt in Halbgobelin mit Sumakkonturen sind eingebettet in verschieden breite Dreherreihen, die in Wellenlinien über das Gewebe laufen. Das Material in der Kette ist Leinen 16/2 in verschiedenen Gelb-, Ocker- und Grünfarben, unregelmäßig eingezogen, doppelt im Kamm 30/10. Der Schuß ist handgesponnene Wolle verschiedener Stärken, teils naturfarbig, teils mit Pflanzen gefärbt.
◁

Vor der technischen Anleitung zum Weben zunächst noch einige Worte zum besseren Verständnis, wie ein Gewebe aufgebaut ist.

Jedes Gewebe besteht aus zwei Fadensystemen die, im rechten Winkel zueinanderstehend, miteinander verkreuzt sind.

Das erste Fadensystem, *die Kette,* wird in einen Webrahmen oder Webstuhl gespannt, das zweite Fadensystem, *der Schuß,* dann Faden für Faden durch die gespannte Kette gezogen. Da das Eintragen des Schußfadens in die Kette im Stopfverfahren sehr zeitraubend und mühsam ist, wurden Vorrichtungen entwickelt um einen Teil der Kettfäden auf einmal etwas anzuheben. Durch die entstandene Öffnung wird der Schußfaden eingelegt.

Im Rahmen dieses Buches kann nur auf eine mögliche Vorrichtung, den Gatterkamm, eingegangen werden. Davon jedoch später.

Zunächst das Gewebe selbst. Die bildnerischen Elemente, die bei der Gestaltung eingesetzt werden können, sind *Bindung, Material, Farbe.* Je mehr man darüber weiß, um so „weberischer" und besser wird die gestalterische Lösung. Bedingt durch die rechtwinklige Verflechtung von Kette und Schuß unterliegt jedes Gewebe einer Gesetzmäßigkeit, die nur in gewissem Rahmen durchbrochen werden kann, wenn das Ergebnis nicht nur ästhetisch, sondern auch handwerklich gut werden soll.

Bindung, das ist die Art der Verkreuzung von Kette und Schuß, dafür gibt es unendlich viele Varianten. Wer bewußt die Gewebe seiner Umgebung ansieht, wird dies schnell feststellen können. Bei der Gestaltung von Wandbehängen braucht man sich jedoch nicht mit den technischen Raffinessen der Bindungen zu belasten, schon die einfachste Art der Verkreuzung, *die Leinwandbindung,* bietet reiche Entwurfsmöglichkeiten.

Darauf soll hier eingegangen werden.

Bei Leinwandbindung läuft jeder Schußfaden im eins auf – eins ab Rhythmus durch die Kette, jeder nachfolgende Faden in umgekehrtem Wechsel wie der Vorangegangene, *Abb. 2.*

Durch Farbwechsel kann das Aussehen beeinflußt werden.
Ist z. B. die Kette einfarbig, der Schuß aus verschiedenfarbigem Material, wird das Gewebe *quergestreift, Abb. 3.*

Ist die Kette mehrfarbig, der Schuß einfarbig, wird es *längsgestreift, Abb. 4*

Sind beide Fadensysteme verschieden in der Farbe, wird das Gewebe *kariert*, *Abb. 5.*

Je nachdem wie die Farben verteilt sind, kann die Karowirkung stark verändert werden. Beim Vergleich der *Abb. 6 + 7* wird dies sichtbar.

Auch *Abb. 7* ist ein Karo.
Da die verwendeten Farben im Farbton verwandt sind, zudem an den Übergängen von einer Farbe zur anderen mehrere Fäden der aneinanderstoßenden Farben in unregelmäßigem Wechsel gespannt bzw. gewebt wurden, verwischt das Karo völlig, es entsteht eine hell/dunkel Wirkung.

An den Beispielen kann man außerdem sehen, daß die Farben der verwendeten Garne nur dann rein erscheinen, wenn Kette und Schuß gleicher Farbe zusammentreffen. Sonst sind sie immer gebrochen oder vermischt.

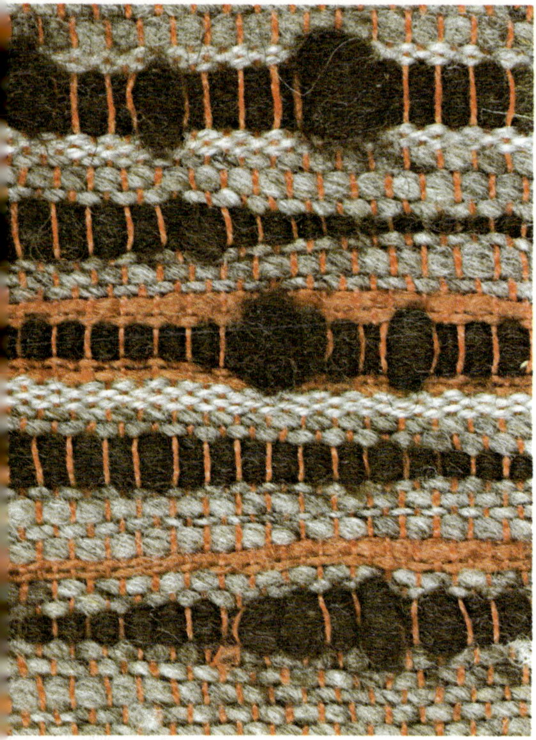

Bisher wurde nur die Veränderung des Gewebebildes durch die Farbe gezeigt. Auch die *Struktur des Materials* hat starken Einfluß. *Abb. 8 und 9* zeigen solche Gewebe.

Verschieden dicke handgesponnene und maschinengesponnene Wolle wurde im Schuß verwebt. Bei *Abb. 8* ist dieselbe Kette verwendet wie im Muster der *Abb. 7,* während für die Probe der *Abb. 9* eine rote dünne Leinenkette gespannt wurde. Durch ihre Feinheit gibt diese Kette dem Gewebe nur einen Rotschimmer, lediglich an den schmalen Streifen mit auch rotem Schuß tritt die Farbe voll auf. Dieses wenige genügt jedoch schon, um die Grautöne zu beleben.
Es soll damit gezeigt werden, wie sparsam kräftige Farben bei Wandbehängen verwendet werden können und wie verschieden die Farben in veränderter Umgebung wirken. Beide Male sind dieselben Naturtöne als Grundfarben im Schuß verarbeitet.

Dies sind zunächst Entwurfselemente, die auch in jedem Gebrauchsgewebe Verwendung finden. Für Wandbehänge gibt es noch Möglichkeiten durch Verschlingen oder Verdrehen von Fäden, durch Einlegen von Musterfäden, Herausbilden einzelner Flächen und anderen bildnerischen Mitteln, zu gestalten.

Wie dies im Einzelnen gemacht wird, davon später im Kapitel über Bildwebtechniken.

Als *Material* zum Weben von Wandbehängen kann fast alles Textile verwendet werden. Es ist jedoch nicht immer gleich gut geeignet.
Für die Kette am besten glattes, zumindest nicht zu faseriges oder hartes und nicht zu dickes Material verarbeiten.
Geeignet sind: Leinen, dünne Hanf- oder Juteschnur, glatte Baumwolle und Wolle bis zu mittlerer Stärke. Am besten richtige Webwolle (Zweidrahtwolle) in der Stärke 6/2 bis 8/2 und feiner, oder Kammgarne.

Das Schußmaterial ist wesentlich variabler. Hier können auch Reste verarbeitet werden, Handgesponnenes, Ungesponnenes, auch geschnittene Stoffstreifen oder evtl. als Effekt Untextiles. Je mehr Auswahl verschiedener Materialien und Farben, um so besser.

Ob man Naturfasern vorzieht oder Synthetik verwendet, ist eine Frage von Entwurf und persönlichem Empfinden. Jedes Material hat ein nur ihm eigenes

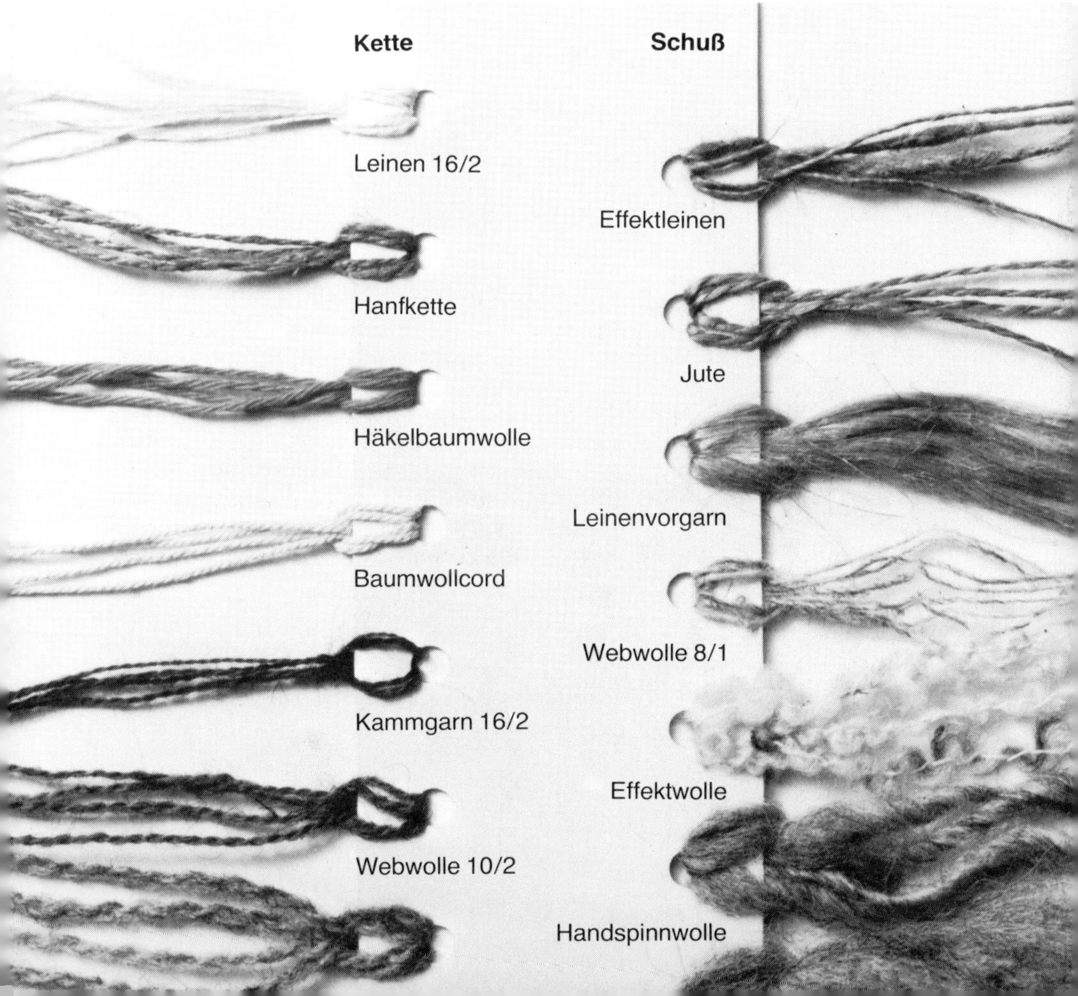

Aussehen, mit dem bestimmte Aussagen erreicht und Stimmungen ausgedrückt werden können. Wolle sieht also anders aus als Baumwolle oder Perlon, darüber muß man sich klar werden und seine Mittel entsprechend einsetzen.

Ähnliches gilt für die *Farbe.* Jeder Mensch kann Farben nur subjektiv sehen, doch im textilen Bereich ist das Farbbewußtsein meist von der Mode stark beeinflußt.
Beim Weben von Wandbehängen sollte man versuchen sich davon freizumachen, die Farbskala zu erweitern, auch über Farben, die man ablehnt und ihre Verwendungsmöglichkeiten nachzudenken. Die Farborientierung sucht man besser in der Landschaft oder in Zufälligkeiten des Straßenlebens und nicht bei Werbung oder Mode.
Um eine ausreichend große Farbskala an Webmaterial zu bekommen, kann man selbst färben. Dies schult auch das Farbempfinden.

Beim Entwerfen eines Wandbehanges gibt es kleine Hilfen, die jedoch das Vorstellungsvermögen nicht ersetzen können und Überraschungen nicht ausschließen, da Gezeichnetes oder Gemaltes völlig anders wirkt als Gewebtes. Manche Webtechnik läßt sich nicht zeichnerisch darstellen.
Man kann jedoch versuchen, nach einem Entwurf in Originalgröße zu weben. Auf Packpapier zeichnet man Konturenumrisse des Bildes, das entstehen soll, am besten mit Kohle, die sich wieder wegwischen läßt, so daß Korrekturen möglich sind. Steht der Entwurf, werden die Konturen mit einem Filzschreiber nachgezogen.

Diese Zeichnung wird dann hinter das Gewebe gelegt und abgewebt.

Abb. 11: Farbskala von handgesponnener Wolle, die mit Pflanzen, Rinden, Blättern oder Wurzeln gefärbt wurde.

Diese Art Entwurf eignet sich für Webtechniken wie Transparent, Einlegtechnik oder Halbgobelin, wobei jedoch immer die technischen Möglichkeiten der Webart beachtet werden müssen, sonst ergeben sich unlösbare Probleme beim Weben.
Eine kleine Skizze ist auch eine Hilfe. In solchem Fall mißt man die einzelnen Abschnitte während des Webens aus, markiert sie mit Merkfäden an der Kante, um so die Proportionen des Behanges nicht zu verlieren.

Jedes Gewebe muß ja von einer Seite zur anderen hin aufgebaut werden und kann nicht, wie andere textile Techniken, aus der Mitte heraus gestaltet werden. Es ist zwar möglich, bei ganz kleinen Stücken, Bildelemente erst einzusetzen und dann die Umgebung rund herum aufzufüllen, das ist jedoch sehr zeitraubend, weil alles gestopft werden muß, und schränkt die Entwurfsmöglichkeiten stark ein, sauberes Arbeiten ist wesentlich schwieriger. Besser ist es, sich gleich daran zu gewöhnen, von unten nach oben zu arbeiten (oder umgekehrt). Tatsächlich ist es eine Sache der Gewöhnung. Wer sich viel mit Weben beschäftigt wird merken, daß es bei weitem nicht so schwierig ist wie es erst aussieht.
Es gibt viele Webtechniken, die zur freien Gestaltung ohne Vorentwurf geradezu einladen. Beim intuitiven Arbeiten lassen sich zudem die handwerklichen Aspekte am besten beachten.

Vor Beginn einer großen Arbeit in einer unbekannten Webart sollte man diese erst in einem kleinen Stück erproben.

Abb. 12: Farbskala von maschinengesponnener Wolle, chemisch industriell gefärbt.

Das Webgerät

Zum Weben braucht man ein Gerät, in das die Kettfäden gespannt werden können; den Webrahmen oder Webstuhl.
Vom Prinzip her oder für kleine Arbeiten genügt ein einfacher Spannrahmen, der oben und unten mit Kerben oder Nägeln zum Halten der Kettfäden versehen ist.
Besser ist, vor allem wenn auch größere Stücke gewebt werden sollen, ein Webrahmen mit zwei drehbaren Walzen, die zwischen Seitenteilen gehalten werden.
Die Walzen müssen gegenläufig jeweils nach außen drehbar und in bestimmter Stellung feststellbar sein, so daß die Kette dazwischengespannt werden kann und außerdem eine Möglichkeit haben, die Kettfäden zu befestigen, entweder eine Nute oder Zähnchen.
Rechts und links an jedes Seitenteil gehört dann noch eine Halterung für den Gatterkamm.

Abb. 13: Kircher-Webrahmen Modell SW 50, ein Tischwebrahmen zum Weben von Stücken bis 50 cm Breite. Aufgespannt ist ein Wollgewebe mit Muster in Schwedentechnik (siehe Seite 36).

▽

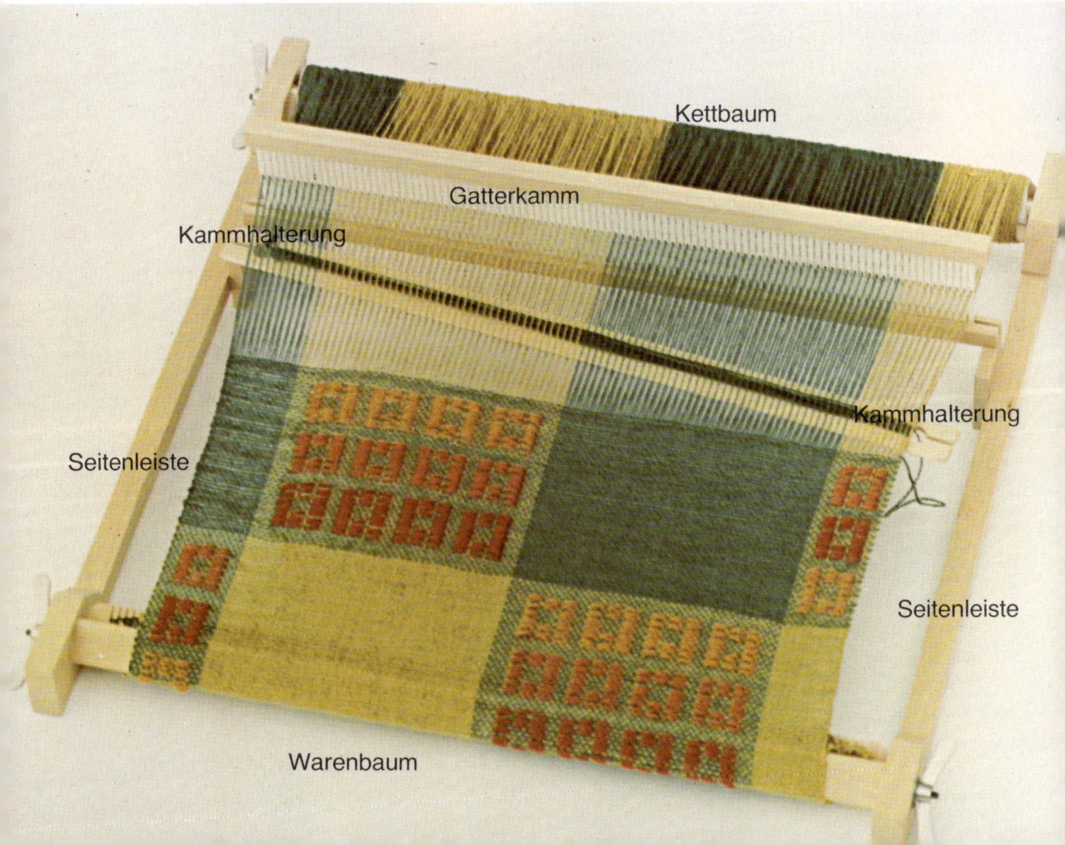

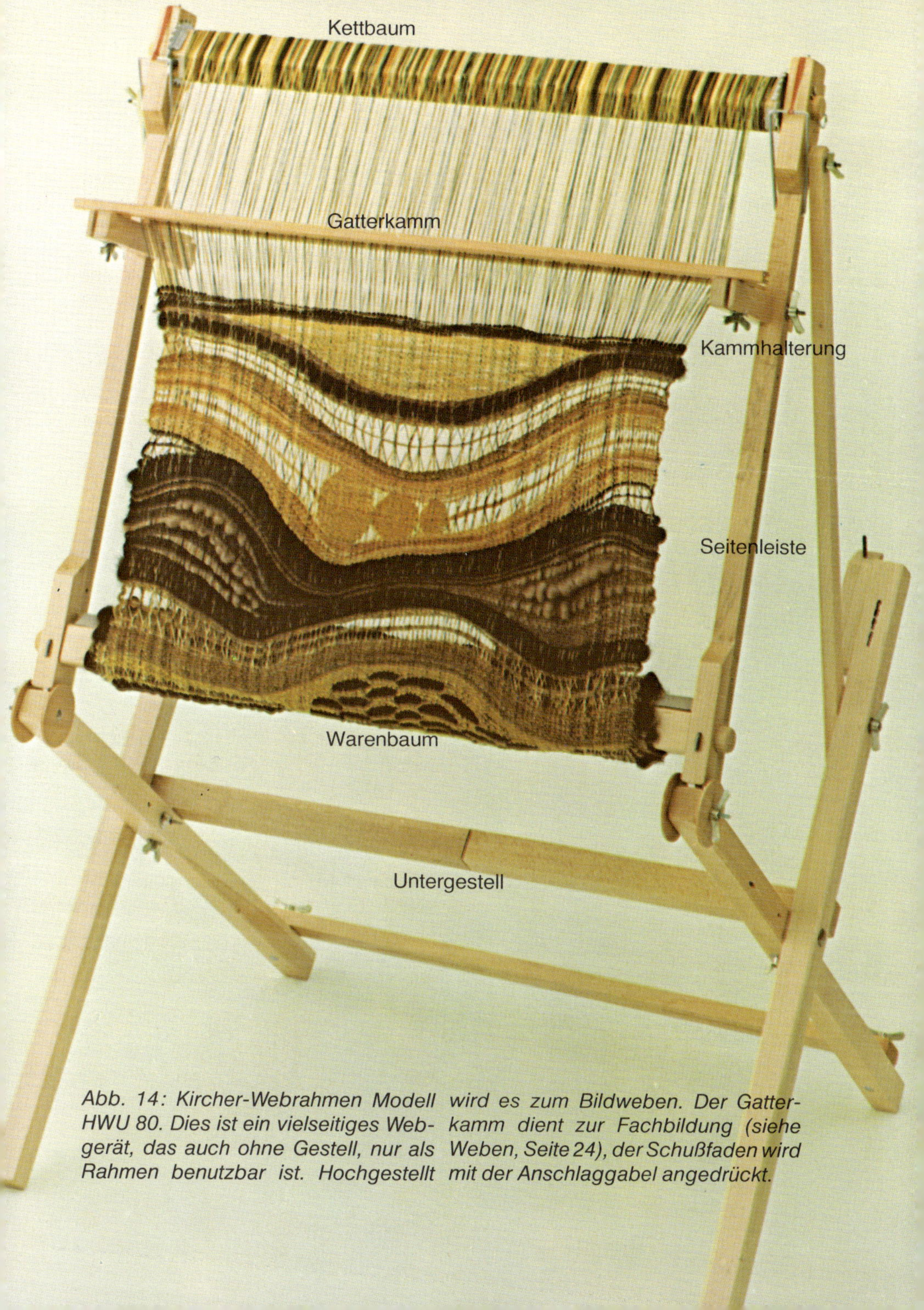

Abb. 14: Kircher-Webrahmen Modell HWU 80. Dies ist ein vielseitiges Webgerät, das auch ohne Gestell, nur als Rahmen benutzbar ist. Hochgestellt wird es zum Bildweben. Der Gatterkamm dient zur Fachbildung (siehe Weben, Seite 24), der Schußfaden wird mit der Anschlaggabel angedrückt.

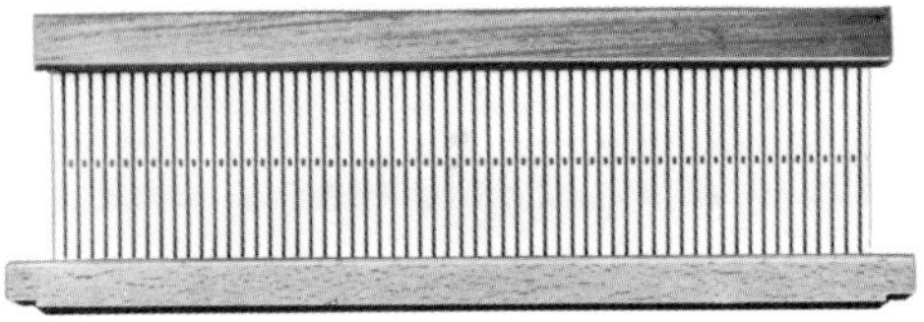

Gatterkamm-Webkamm

Der Web- oder Gatterkamm zur Teilung der Kettfäden während des Webens (siehe Kapitel Weben, Seite 27) ist ein kammähnliches Gerät, das auch unten geschlossen ist. Jeder Steg des Kammes hat ein Loch in der Mitte, zwischen den Stegen sind Schlitze. Löcher und Schlitze haben genau ausgemessenen Abstand. Sehr üblich und für die gezeigten Behänge gut brauchbar ist eine Einteilung mit 2 Stegen pro cm, d. h. 2 Löcher und 2 Schlitze (4 Fäden). Es kann jedoch auch etwas weiter sein. Der Kamm muß so gebaut sein, daß er auf die seitlichen Kammhalter gelegt oder gestellt werden kann.

Schiffchen

Trennstab

Einziehhaken

Webnadel

Außer Rahmen und Gatterkamm braucht man noch einige Zubehörteile wie *Schiffchen* als Schußfadenträger und einen oder mehrere *Trennstäbe* zum Musterweben. Beide sollen mindestens Gewebebreite haben.

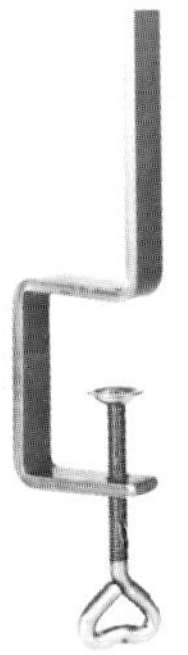

Scheerklammer

Zum Ablängen der Kettfäden *Scheerklammern;* (siehe Kapitel Bespannen des Webrahmens, Seite 18)

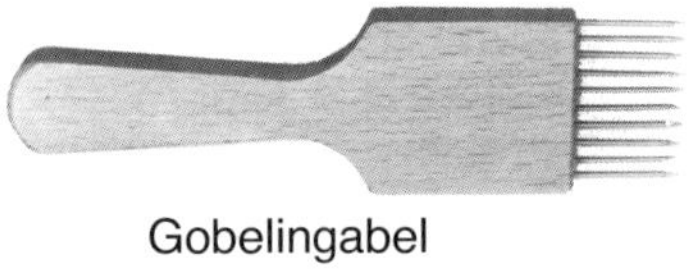

Gobelingabel

zum Einziehen der Kettfäden in den Kamm eine *feine Häkelnadel;*

Anschlaggabel

eventuell eine *Webnadel* für bestimmte Webtechniken.

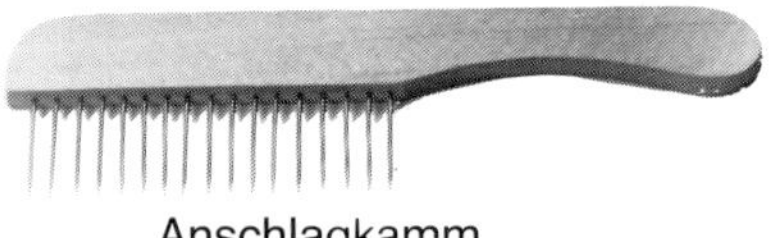

Anschlagkamm

Zum Schluß noch verschiedene *Anschlaggeräte* oder Gabeln, die man beim Bild- oder Teppichweben braucht, wenn der Gatterkamm zum Andrücken des Schußfadens ans Gewebe nicht mehr eingesetzt werden kann.

Da Webwolle oft auf Strängen geliefert wird, ist eine *Garnwinde* nutzvoll.

Webgeräte und Zubehör können selbstgebaut sein, es gibt sie jedoch auch im Handel in verschiedenen Breiten und Ausführungen zu kaufen.

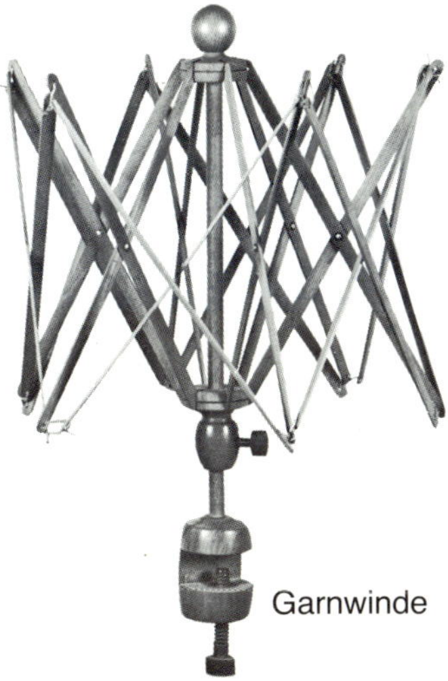

Garnwinde

Abb. 17: Kircher-Webrahmen Modell WU 80, der Rahmen liegt flach auf dem Untergestell, der Gatterkamm kann zum Anschlag des Schußfadens benutzt werden.
Aufgespannt ist ein Leinengewebe in Transparenttechnik (siehe Seite 31)
▽

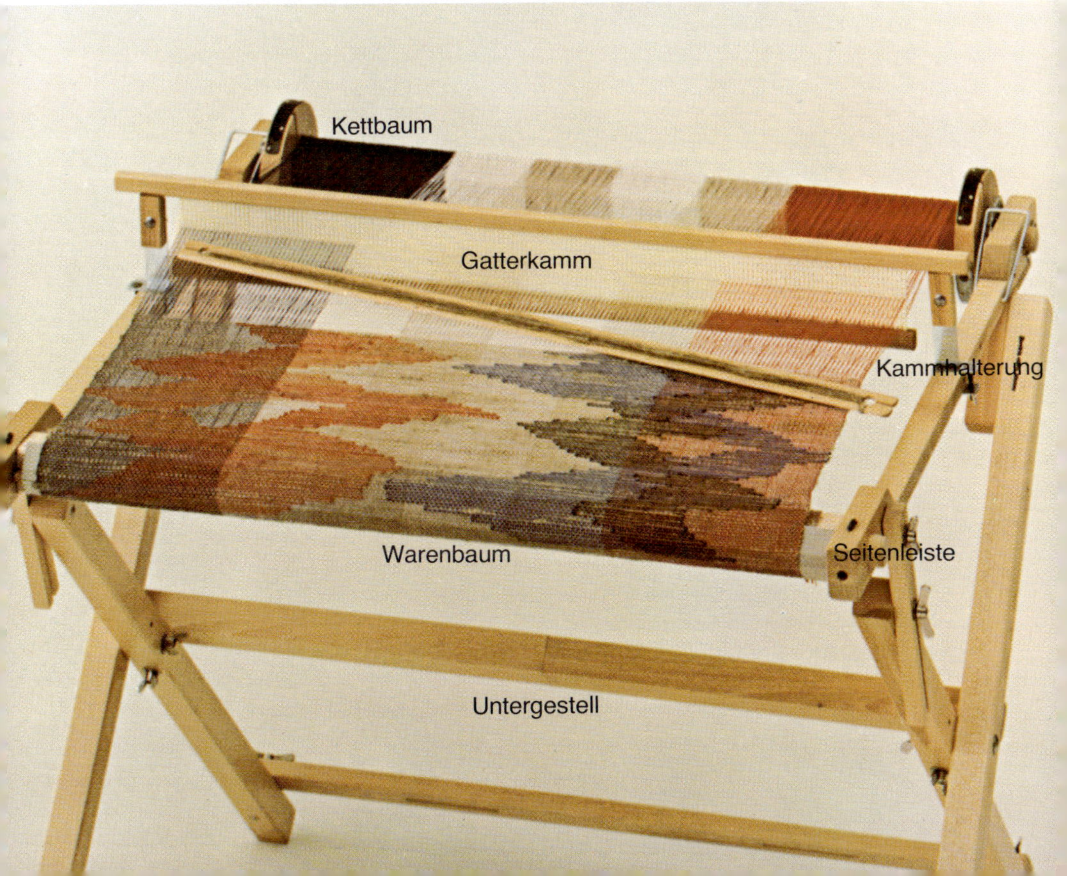

Bespannen des Webrahmens

Als erstes die Vorbereitungsarbeiten: Bevor mit dem eigentlichen Weben begonnen werden kann, muß die Kette auf den Rahmen gespannt werden, d. h. der Wandbehang wird zunächst geplant, das Material ausgewählt und die Kette vorbereitet. Das für die Kette ausgewählte Garn muß gut durch die Löcher und Schlitze des Webkammes rutschen. Ist man unsicher, probiert man es am besten aus. Kennt man die Einteilung des Kammes nicht, mißt man mehrere cm aus. Es zählen Löcher und Schlitze. Die Einteilung des Kammes wird benannt nach der Anzahl der Fäden, die in Loch und Schlitz auf einer Breite von 10 cm Platz haben. Bei gekauften Kämmen ist die Einteilung 40/10 am häufigsten. Hier können also 40 Fäden auf 10 cm, 4 Fäden auf 1 cm eingezogen werden.
Weniger oft, jedoch auch käuflich zu erwerben und gut für die beschriebenen Techniken brauchbar, sind die Webkämme der Einteilung 30/10 oder 20/10.

Steht die Größe des Wandbehanges fest, wird die Kette berechnet.

Zunächst die Länge: Beim Weben schrumpft das Gewebe etwas. Man nennt das den Einsprung und rechnet dafür im Mittel 10% zur fertigen Länge. Bei dickem Schuß kann es auch mehr sein, also nie zu knapp bemessen.
Außer dem Einsprung muß noch der Kettabfall beim Berechnen der Kettlänge berücksichtigt werden. An dem bespannten Webrahmen auf Seite 16 sieht man, daß zwischen Stoffkante und Kettbaum der eingezogene Kamm sitzt. Dieses Stück Kette kann nicht mehr abgewebt werden, wenn die ganze Fadenreserve vom Kettbaum abgewickelt ist. Man rechnet dafür beim Webrahmen je nach Modell mindestens 40 bis 50 cm. Für Wandbehänge eher mehr als weniger.

Es wird also gerechnet: Höhe des Wandbehanges + 10% Einsprung + 40 bis 50 cm Abfall = Kettlänge.

Dann die Anzahl der Kettfäden: Breite des Wandbehanges x Kammeinteilung pro cm = Kettfadenzahl.
Kantenfäden evtl. doppelt nehmen, d. h. 2 mehr berechnen.

Als Beispiel sei ein Behang in der Größe 100 cm hoch und 60 cm breit berechnet:
100 + 10% + 40 cm = 150 cm Kettlänge.
60 x 4 (bei 40/10) = 240 Kettfäden.

Wird die Kette mehrfarbig, dies jetzt schon einteilen und die einzelnen Farben entsprechend berechnen.

Als erster Arbeitsgang wird jetzt die Kette *gescheert*, d. h. abgelängt. Alle Kettfäden werden auf gleiche Länge geschnitten. Besitzt man 2 Scheerklammern, befestigt man diese am Tisch, den Dorn nach oben. Der Abstand zwischen den Klammern soll der halben Kettlänge entsprechen, in unserem Beispiel also 75 cm sein.
Auf den Fadenanfang macht man eine Schlaufe wie zum Luftmaschenanfang beim Häkeln üblich und legt diese über Scheerklammer a *(Abb. 18)*. Jetzt wird

der Faden 10 mal um die Scheerklammern gelegt, dabei nicht zu fest ziehen. Dann unterbricht man die Arbeit und schneidet die Fäden an der Stelle von Scheerklammer a durch. Dazu alles vorsichtig von der Klammer nehmen und festhalten, damit die Fäden nicht wegspringen. Man breitet sie auf ihre volle Länge aus und versieht das Bündel mit einer Schlaufe, damit es nicht verwirren kann.

Die ersten 10 Kettfäden sind fertig abgelängt. Man beginnt von neuem und scheert in derselben Weise das nächste Bündel. Dies wird solange wiederholt, bis die gewünschte Gesamtkettfadenzahl erreicht ist. Für das zuvor errechnete Beispiel sind es 24 Stück.

Reicht die Tischgröße nicht aus, um die Kettlänge auszuspannen, 3 Scheerklammern wie *Zeichnung 19* zeigt, am Tisch befestigen und um diese herum scheeren.

Besitzt man keine Klammern, kann man sich eine ähnliche Vorrichtung bauen mit Brettern und Nägeln oder Schraubzwingen, auch Stuhlbeine sind möglich, sie dürfen aber keinesfalls verrutschen, sonst werden die Kettfäden immer kürzer.

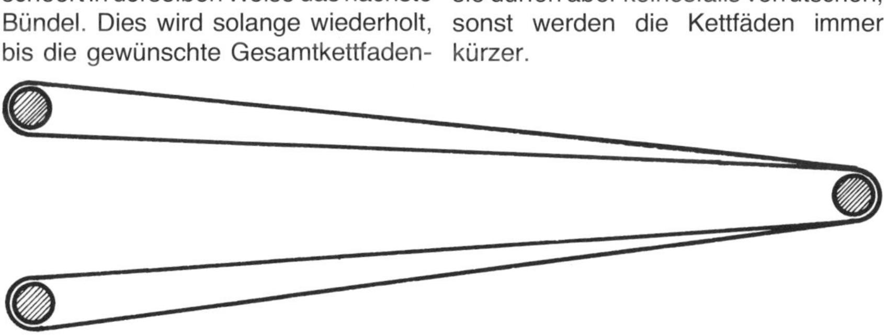

Als nächste Arbeit muß die Kette in den *Webkamm eingezogen* werden. Am einfachsten geht das am Tisch. Der Kamm wird überstehend, wie *Abb. 20* zeigt, festgeschraubt oder beschwert mit Büchern und die Fäden von unten nach oben mit einer feinen Häkelnadel durch Löcher und Schlitze eingezogen. Ein Fadenbündel nach dem anderen auf den Schoß legen, mit der linken Hand die Fäden über Daumen und Zeigefinger spannen und dem Einziehhaken zuführen. Beim Einziehen nichts vergessen oder versehentlich doppelt belegen. Die durchgezogenen Fäden ca. 30 cm aus dem Kamm heraushängen lassen, sie brauchen nicht gleichmäßig zu sein. Je 10 eingezogene Fäden wieder mit einem Knoten versehen, um ein Zurückrutschen zu verhindern.

Wird nicht die volle Breite des Kammes genutzt, muß der Leerraum gleichmäßig auf beide Seiten verteilt sein, das Gewebe also in der Mitte sitzen, sonst ist es später schwer gerade zu weben.

Anschließend wird *die Kette im Rahmen befestigt.* Den Webrahmen zuvor zusammensetzen und auf den Tisch oder das Untergestell legen. Die Kette als erstes am Kettbaum befestigen. Das ist die den Kammhaltern zunächst liegende Walze.

Der Webkamm wird auf die Kammhalter gesetzt (wie, ist je nach Modell verschieden und muß beachtet werden), die kürzeren Kettfäden in Richtung Kettbaum hängend. Hat der Kettbaum eine Nute über die ganze Breite, muß auch ein Metallstab vorhanden sein, der in die Nute paßt. Je 2 oder 4 Kettfadenenden werden sorgfältig und gleichmäßig zusammengeknotet, alle Knoten legt man dann auf den Metallstab und diesen in die Nute.

Am besten sind die Walzen mit Zähnchen, in die die Fadenenden eingeschlungen werden, wie die *Zeichnung Abb. 21* zeigt. Da meist 2 Zähnchen pro cm in der Walze sind, jeweils mit den Fäden eines halben cm, d. h. bei Kamm 40/10 mit je 2 Fäden, bei 30/10 mit 1 Faden und 2 Fäden im Wechsel belegen. Die Fäden möglichst gleichmäßig in der Länge einhängen, nichts verdrehen und gleichzeitig prüfen, ob der Kamm richtig eingezogen ist. Evtl. fehlende Fäden können jetzt noch eingesetzt werden.

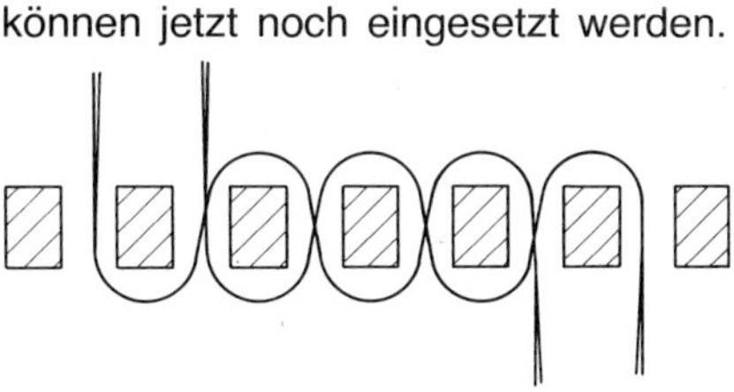

Wenn die Kette am Kettbaum befestigt ist, wird man feststellen, daß sie länger ist als der Rahmen. Das Zuviel an Länge wird also auf den Kettbaum aufgewickelt; deshalb ist er drehbar. Es wird Stück für Stück wieder heruntergegeben mit fortschreitender Webarbeit. Das fertig Gewebte wickelt man dabei auf den Warenbaum.

Zunächst das Aufwickeln der Kette auf den Kettbaum, das *Bäumen:*
Alle Kettfäden werden glattgestrichen und soweit wie möglich entwirrt, die Zähnchen mit Pappe oder Papier gut abgedeckt.
Da die Kettfäden beim Aufwickeln auf den Kettbaum glatt und straff gehalten werden müssen, läßt man sich am besten dabei helfen, wie *Abb. 24* zeigt.
▽

Die Fäden dabei nicht durch die Hände gleiten lassen, sie können sonst ungleich werden. Der Kamm hängt frei im Rahmen während des Bäumvorgangs. Ist er bis zur Walze vorgerückt, wird die Kette neu gerichtet und zusammengefaßt. In der zweiten Hälfte der Kette den Kamm etwas schräg stellen, damit die Kantenfäden nicht seitlich abrutschen. Der Helfer darf mit den Händen nicht in den Wickelbereich der Kette fassen und so die Fäden in ihrer Lage verrücken.

Ist alles soweit aufgewickelt, daß die Kettenden beim Warenbaum sind bzw. ausreichend lang, um hier befestigt zu werden, ist das Bäumen beendet.

Die *Befestigung der Kettenden vorn* geschieht genau wie hinten, diesmal jedoch mit möglichst gleichmäßiger Spannung. Der Webkamm steht bzw. hängt dazu auf der Halterung.

Zum Schluß noch *das Schiffchen mit dem Schußfaden bewickeln.* Den Fadenanfang an einer der Einkerbungen festmachen, damit er später nicht stört.

Das Schiffchen nicht zu dick und straff bewickeln.

Somit sind die Vorbereitungsarbeiten abgeschlossen, das Weben kann beginnen.

Weben

Vor der praktischen Webarbeit einige theoretische Erläuterungen.
Wie bereits gesagt, läuft der Schußfaden im Wechsel einmal über, einmal unter einem Kettfaden durch das Gewebe. Im Gatterkamm sind die Kettfäden wechselweise in Loch und Schlitz eingezogen. Steht der Kamm auf der Halterung in der oberen Position, so kann man sehen, daß die Fäden in den Schlitzen im unteren Kammbereich waagerecht vom Kett- zum Warenbaum laufen, während die Lochfäden einen Winkel bilden und über alle Schlitzfäden angehoben werden. Dazwischen ist eine Öffnung, durch die der Schußfaden eingetragen wird. Drückt man den Kamm in die untere Position der Halterung, bleiben die Fäden im Schlitz wieder waagerecht stehen (im oberen Kammbereich), während die Fäden in den Löchern diesmal einen Winkel nach unten beschreiben. So entsteht der Wechsel hoch/tief für den Eintrag des Schußfadens.
In *Zeichnung 26* ist alles nochmals erläutert.

▽

a
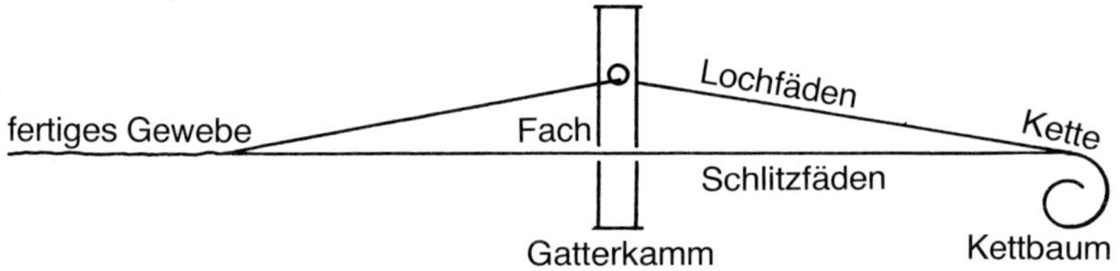

b
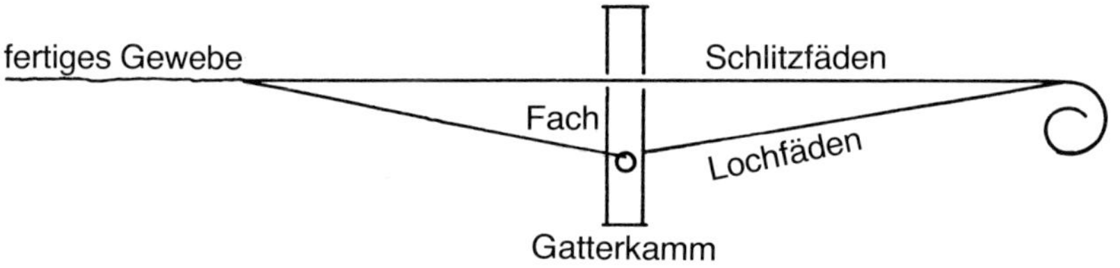

Die Fäden in den Löchern = *Lochfäden*

Die Fäden in den Schlitzen = *Schlitzfäden.*

Öffnung zwischen den Fadenebenen = *Fach.*

Der Kamm in der oberen Halteposition = *Hochfach.*

Der Kamm in der unteren Halteposition = *Tieffach.*

Jeder Schußfaden muß nach dem Eintrag sorgfältig und gleichmäßig mit dem Gatterkamm an den Vorangegangenen bzw. an das Gewebe angedrückt werden. Der Faden läuft fortlaufend von einer Seite zur anderen und wieder zurück. Von der auf dem Schiffchen aufgewickelten Fadenreserve wird dazu jeweils etwas abgenommen.

Der Rahmen wird, falls er kein Untergestell hat, so gehalten, daß der hintere Teil mit dem Kettbaum auf einem Tisch aufliegt (oft ist eine Auskerbung dafür an den Seitenteilen), der Warenbaum liegt auf dem Schoß. Mit dem Körper drückt man den Rahmen an den Tisch, damit er fest sitzt.

Bevor man mit dem Weben eines Wandbehanges beginnt, erst etwas einfache Leinwandbindung weben zur Übung.

Zu Beginn Kamm in das Hochfach stellen, Schiffchen durch das Fach führen, den Schußfaden nachziehen bis nur noch ein kurzes Ende herausragt. Das Schiffchen ablegen (auf den Schoß, später auf das Gewebe), den Kamm möglichst bequem mit beiden Händen fassen und nach vorn ziehen bis der Schußfaden ganz an den Warenbaum geschoben ist. Dann den Kamm zurück und nach unten in die Kammhalterung stellen.

Das Schiffchen wieder durch das Fach schieben, diesmal von der anderen Seite her. Schußfaden wieder nachziehen, bis er die Kante glatt ohne Schlaufenbildung umläuft.

Der Schußfaden soll dann schräg im Fach liegen. ▷
Wieder wird der Kamm mit beiden Händen gefaßt und nach vorn gezogen bis der zweite Schußfaden dicht am ersten liegt. Dann Kamm zurück wieder ins Hochfach usw.
Beim Vorziehen des Kammes zum Andrücken des Schußfadens muß dies bei offenem Fach geschehen, d. h. vom Hochfach her wird der Kamm bis nach vorn immer etwas nach oben gezogen, beim Tieffach etwas nach unten gedrückt. So hat der Schußfaden die Möglichkeit, in ausreichender Menge zwischen die Kette zu rutschen.

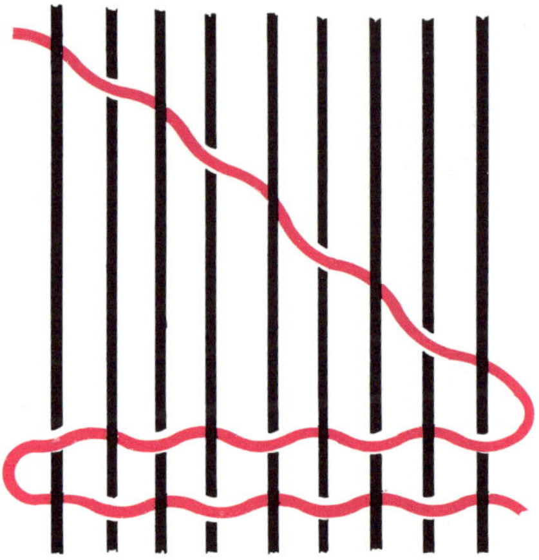

Zeichnung 30 zeigt als Schema, wie die Kammbewegung sein soll.
Direkt vom Gewebe aus drückt man den Kamm dann in die neue Position. So sitzt der Schuß am besten und die Kettfäden werden für das neue Fach gut geteilt. ▽
Wird das Gewebe mit der Zeit immer schmaler, mehr als 5%, so liegt der Fehler am Andruck des Schußfadens, der nicht in eben beschriebener Weise ausgeführt wurde (ca. 5% ist normaler Einsprung).

Wie dicht die Schußfäden aneinandergeschoben werden ist Gefühlssache. Für eine reine Leinwandbindung sollen sich Kett- und Schußfäden pro cm entsprechen.

Natürlich läßt sich dies individuell variieren, vor allem bei Wandbehängen, wo Kett- und Schußmaterial oft sehr verschieden sind.

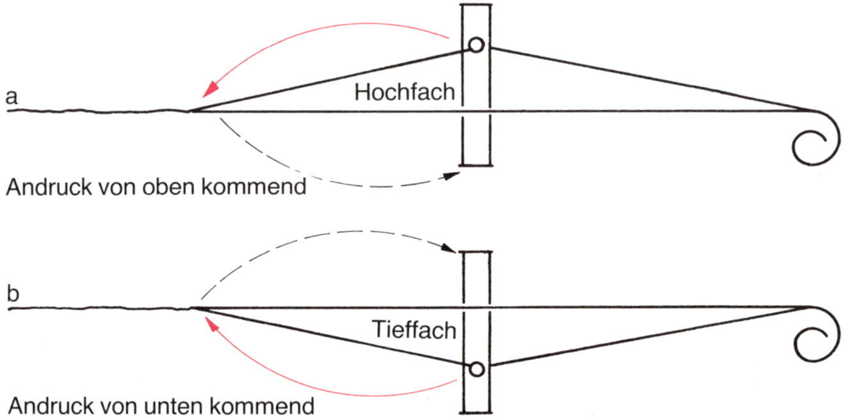

Geübt werden muß auch der gerade Andruck des Schußfadens. Eventuell mit dem Maßband hin und wieder beide Seiten kontrollieren.

Ist das Gewebe soweit fortgeschritten, daß der Abstand zwischen Gewebekante und Kamm zu eng wird, läßt man etwas Kette nach und wickelt das Fertige auf den Warenbaum. Die Kettspannung wird dann sorgfältig wieder einreguliert. Auch die Zähnchen vorn am Warenbaum mit Pappe oder Papier abdecken.

Ist das Gewebe ungleich dick und gibt es dadurch Schwierigkeiten mit der Kettspannung beim Aufwickeln des fertigen Teiles, so gleicht man mit untergelegtem Papier, Stoff oder Wollresten am Warenbaum die Höhe aus.

Schußfäden werden aneinander gesetzt, indem man sie ca. 2 cm übereinander legt, das kann an der Kante oder in der Mitte des Gewebes sein. Schußfadenansätze für neue Farben legt man um den letzten Kettfaden herum im selben Fach wieder ins Gewebe zurück. Werden im Schuß 2 verschiedene Fäden in ständigem Wechsel 1 : 1 gewebt, so müssen sie an der Kante umeinander geschlungen werden, damit auch der Kantenfaden mit abbindet.

Ein gerissener Kettfaden wird durch einen neuen ersetzt, den man vorn am Gewebe feststeckt und hinten am Kettbaum mit dem gerissenen Kettfaden verschlauft. Die Schleife wird beim Vorlassen der Kette zurückgebunden, bis der gerissene Faden wieder ins Gewebe reicht. Die Fadenenden werden später im Fadenverlauf verstopft.

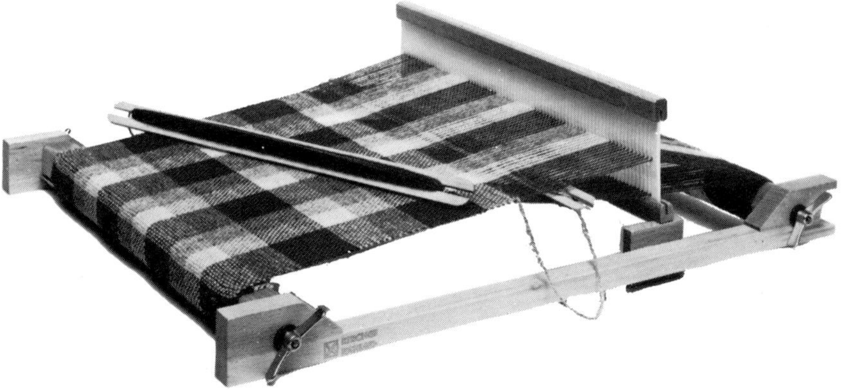

Bildwebtechniken

Beim Bildweben gelten im großen und ganzen die selben Regeln wie beim Weben von Stoffen. Bevor man einen Wandbehang in einer bisher nicht bekannten Technik beginnt, ist es besser, diese erst als Muster zu erproben – ohne Rücksicht auf einen Entwurf – um sie kennenzulernen.

Sobald der Schußfaden nicht mehr über die ganze Breite des Gewebes in einer Farbe eingezogen wird, ist das Schiffchen als Fadenträger hinderlich. Man webt mit aufziehbaren Bündelchen.

Dazu den Schußfaden über die Hand legen, wie die *Zeichnung 32 a* zeigt, der Anfang bleibt lang heraushängen. Ist fast alles aufgewickelt, nimmt man das Bündel ab, windet das Ende fest um die Mitte und verschlauft es, *Abb. 32 b.* Aufgezogen wird das Bündel vom Anfang her.

Zum Andrücken des Schußfadens kann man den Gatterkamm beim Bildweben oft nicht gebrauchen, weil die Webebene verschieden hoch ist (z. B. Halbgobelin). Man nimmt dann eine Eßgabel, einen grobzinkigen Kamm oder die im Handel erhältlichen Gobelin- oder Anschlaggabeln. Für kurze Stücke oder Wellen muß die Gabel schmal, für breite Flächen kann sie breit sein.

Hat man einen Entwurf in Originalgröße gemacht, wird ein Stück angewebt und daran von unten her die Kante des Papiers mit großen Stichen angenäht, so daß der Entwurf unter den gespannten Fäden liegt. Eine Schnur von einer Seitenleiste zur anderen ziehen und darüber die Zeichnung legen.

Den Entwurf später noch mehrmals annähen, damit er nicht verrutscht beim Aufwickeln des fertig Gewebten.

Möchte man den Wandbehang unten mit Fransen abschließen, so ist es die Überlegung wert, ob nicht oben mit dem Weben begonnen werden kann. Der Kettabfall ist dann noch für die Fransen mitzuverwerten.

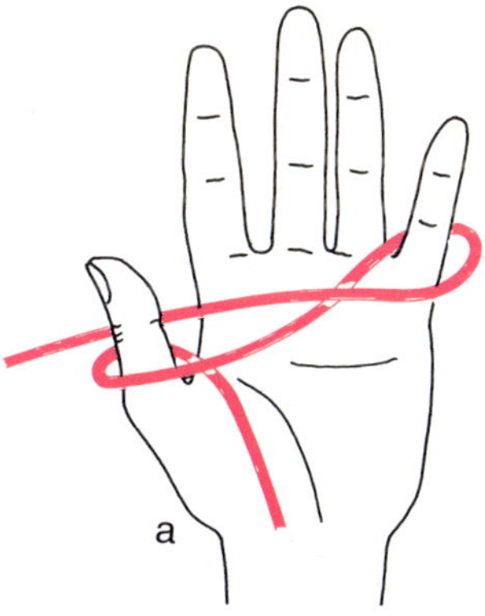

a

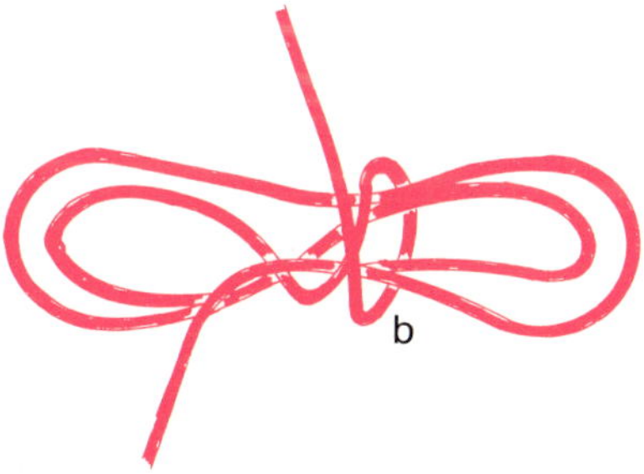

b

Abb. 33, Seite 62

Transparenttechnik

Transparentgewebe sind in Leinwandbindung gewebt mit dünnem Kett- und Schußmaterial. Das Ornament wird zusätzlich zum Grundschuß mit eingelegt. In den Musterpartien ist das Gewebe durch den Zusatzfaden dicht, alle anderen Partien sind durchscheinend. Solch ein Behang wirkt gut am Fenster oder frei im Raum hängend.

Man nimmt also feines Kett- und Schußmaterial, dünnes Leinen 16/2 oder entsprechende Baumwolle und zieht sie im Kamm 40/10 ein (3–4 Kantenfäden doppelt).

Den Schuß sehr vorsichtig andrücken, die Dichte der Kette entsprechend. Am besten mit Wolle, die weich sein sollte und nicht zu dick, legt man Musterpartien nach Plan ein, für den Anfang vielleicht ein geometrisches Motiv, das ist am einfachsten.

Es wird ein Schuß Leinwand über die ganze Breite mit dem Schiffchen eingezogen; dann zusätzlich über die Musterfläche den Wollfaden mit einlegen in dasselbe Fach.

Dann die Schußfäden andrücken, den Kamm umstellen, den nächsten Schuß eingeben und den Musterfaden von der anderen Seite her kommend, dazulegen. Mehrere Mustereinsätze können beliebig über die Fläche verteilt werden.

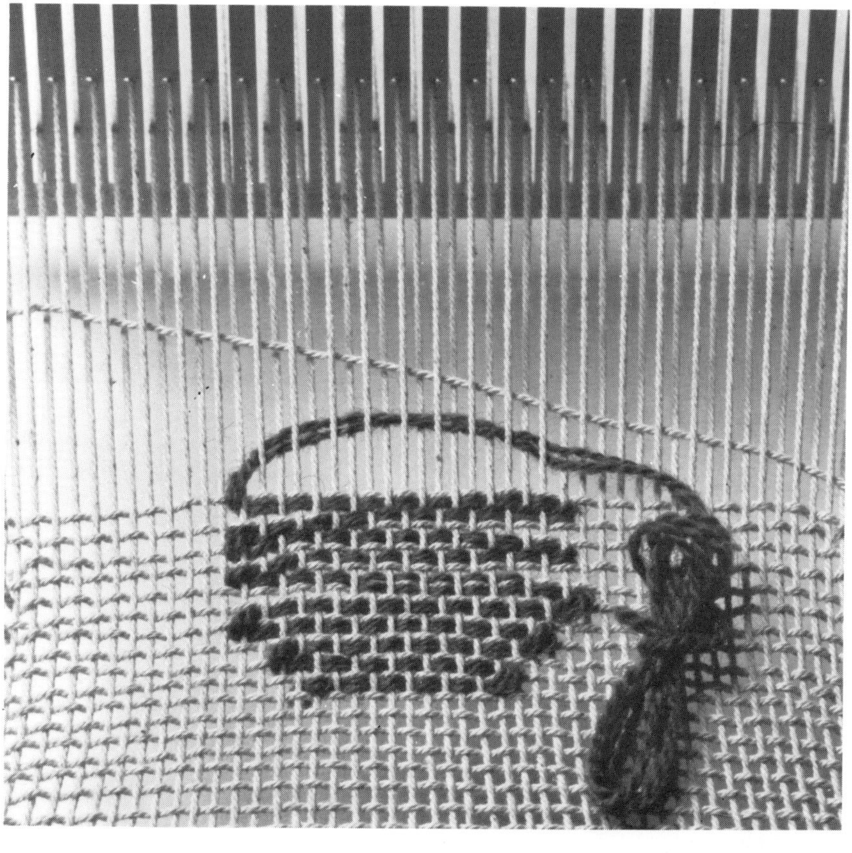

Abb. 35 zeigt ein Transparentgewebe in traditioneller Webart. Kette und Schuß sind Leinen 16/2, gewebt wurde mit Kamm 40/10. Die Musterpartien sind in sehr feiner Wolle, 8/1 doppelt, eingelegt worden.
▽

Die Technik des Transparentgewebes läßt sich individuell abändern. So ist z. B. der *Wandbehang „Abendsonne", Abb. 36 in der Größe 80/120,* zwar im Prinzip so gewebt, d. h. in eine Leinenkette 16/2 kam ein durchgehender Grundschuß aus Bauernleinen mit zusätzlich eingelegtem Musterfaden, jedoch ist dieser Musterschuß auch im Untergrund verwendet und hier kein gesponnener Faden sondern Flachs und Werggarn. Bauernleinen wurde verwendet für die rot und blau eingelegten Partien. ▷

Die Kette ist dreifarbig, der Grundschuß ebenfalls. Die rote Sonne und die blauen Blätter wurden außerdem als Farbe auf die Kette gesprüht um sie zusätzlich einzufärben. Dazu wurde eine Pappschablone geschnitten und auf die aufgespannte und angewebte Kette gelegt (Kamm ganz nach hinten), alles rundherum und unter der Kette mit Zeitungspapier gut abgedeckt und dann die verdünnte Stoffdruckfarbe mit einer Fixativspritze aufgeblasen. Die zweite Farbe konnte gleich anschließend gemacht werden, jedoch nur soweit die Kette frei gespannt war. Für die 2. Hälfte war eine Wiederholung nötig.
Die Farbe brauchte einige Stunden zum Trocknen. So lange konnte nicht gewebt werden.

Einlegtechnik mit Trennstab

Ähnlich wie Transparent – ist die Einlegtechnik. Für das Grundgewebe wählt man normal dickes Material, so daß eine geschlossene Leinwandbindung entsteht. Der eingelegte Musterschuß kommt nicht in die Leinwandbindung sondern man bildet ein neues Fach mit einem Trennstab und legt in dieses den Musterfaden partieweise ein. Dieser ist in der Regel doppelt so dick wie der Grundschuß.

Zur Bildung des Musterfaches wird der Kamm ins Tieffach gestellt. Dann schiebt man den Trennstab zwischen die Kettfäden und zwar liest man hinter dem Kamm die oben liegenden Schlitzfäden abwechselnd auf oder unter den Trennstab. Stellt man ihn dann anschließend hochkant, werden alle unter dem Stab liegenden Kettfäden nach unten gedrückt. Es entsteht ein neues Fach, das Musterfach.

Einlesen kann man: – eins hoch, eins tief – oder: – eins hoch, zwei tief – oder: – zwei hoch, zwei tief – usw.

Der Stab kann auch beim Weben der Leinwandschüsse in der Kette bleiben. Er wird dann flachgelegt und so weit wie möglich nach hinten zum Kettbaum geschoben.

◁

Zwischen jedem Musterschuß webt man mindestens 2 Leinwandbindungsreihen, es können jedoch auch mehr sein. In *Abb. 37* sind verschiedene Möglichkeiten demonstriert.

△

Für den *Wandbehang „Bruchsteinmauer", Abb. 38, Größe 55/75* wurde Webwolle 8/2 verwendet in Kette und Schuß. Für den Musterschuß wurde Wolle ähnlicher Stärke doppelt genommen, zusätzlich gelegentlich ungesponnene Wolle eingelegt. Kette und Leinwandschuß sind 4 Pastellfarben, von beige bis grau für eine Hell/Dunkelwirkung.
Der Musterstab wurde eins hoch, zwei tief eingelesen.

Schwedentechnik

Auch diese Technik ist eine Möglichkeit, in ein Grundgewebe in Leinwandbindung Musterflächen einzugeben. Hier werden sie eingestopft.

Man webt ein paar Schuß Leinwand und zieht dann einen Musterfaden (in der Regel doppelt so dick wie der Grundschuß) durch die Kette z.B. 4 Fäden oben, 4 Fäden unten. Gezählt werden alle Kettfäden. Diesen Musterschuß andrücken, ein bis zwei Leinwandreihen weben, einen Musterfaden einziehen, der wieder genau wie der Vorhergehende 4 Kettfäden über – 4 Kettfäden unterspringen kann, auch in derselben Folge. Man kann dies mehrmals wiederholen, dann vielleicht das Hoch und Tief wechseln.

Abb. 39 zeigt ein *Blümchenmuster in Schwedentechnik.* Eingelegt wurde der Musterschuß 3 über, 3 unter, 3 über, 9 unter u.s.w., dreimal übereinander mit jeweils 2 Schüssen Leinwand dazwischen. Beim 4. Musterschuß Dreiersprung erweitern auf jeweils 6 Kettfäden. Auch dies dreimal übereinander.

Dann kommt die Mitte des Blümchens mit Dreierübersprung und 15 Kettfäden, die unterlaufen werden.

Dann die Wiederholung der Musterschüsse 6–4 und 3–1.

Dazwischen Reihen mit eingelegter Rohwolle, die wechselnd mit 2 dünnen Leinwandschüssen gewebt wird.

Diese Webprobe war die Grundidee für den *Wandbehang Abb. 40, Größe 60/160,* in dem dieselben Blümchen und Rohwollflächen wechseln. Das Material ist hier für Kette und Grundschuß Webwolle 8/2 einfach, im Kamm 40/10 für das Muster Webwolle 8/2 doppelt und Rohwolle. ▷

Wie man die Wellenlinien ausarbeitet, ist im nächsten Abschnitt „Halbgobelin' erklärt *(Zeichnung 46).*

▽

Halbgobelin

Diese Webart ist abgeleitet aus der gewebten Gobelintechnik, wird jedoch in Leinwandbindung ausgeführt, d.h. Kette und Schuß sind im Gewebe sichtbar.

Halbgobelin hat an sich dieselben figurativen Möglichkeiten im Entwurf wie Gobelin, die Flächenverbindung vor allem von senkrechten Geraden und stark zeichnerischen Linien, sind jedoch schwieriger sauber zu weben. Am besten eignen sich Entwürfe mit fließenden Linien oder senkrechte und schräge Flächen ohne Verbindung dazwischen.

In dieser Technik wird jede Fläche für sich ausgearbeitet, indem man den Schußfaden nur stückweise hin und her mit der Hand einlegt. Man arbeitet mit aufziehbarem Bündelchen.

Eine Farbfläche kann teilweise oder ganz fertig gearbeitet werden, je nach ihrem Verlauf.

Abb. 42: „Folklore" Größe 100/180 gewebt in 3 Teilen. Kette: Kammgarn 16/2, Kamm 40/10. Schuß: Handspinnwolle in naturfarben und rot. Webtechnik: Leinwand, Halbgobelin und Einlegtechnik, Trennstab eingelesen 1 hoch, 1 tief, für die Blattmotive (siehe Einlegtechnik Seite 34). ▷

Schräge Flächen: die erste Farbe wird eingearbeitet *(Zeichnung 41),* die Fläche mit zurückfliehender Linie als erstes (in der Zeichnung rot), dann die zweite Farbe nachziehen.

Geht man bei jeder Wende nur einmal um einen Kettfaden, so wird die Schrägung flach. Webt man dagegen 2 oder mehrmals bis zum selben Kettfaden, wird sie steiler. Für Kreise webt man erst den Untergrund auf beiden Seiten, von flach bis immer steiler werdend, so weit vor, wie die Fläche zurückflieht, d.h. der halbe Kreis wird ausgespart. Dann den Kreis weben. Zum Schluß den Untergrund fertig arbeiten. ▽

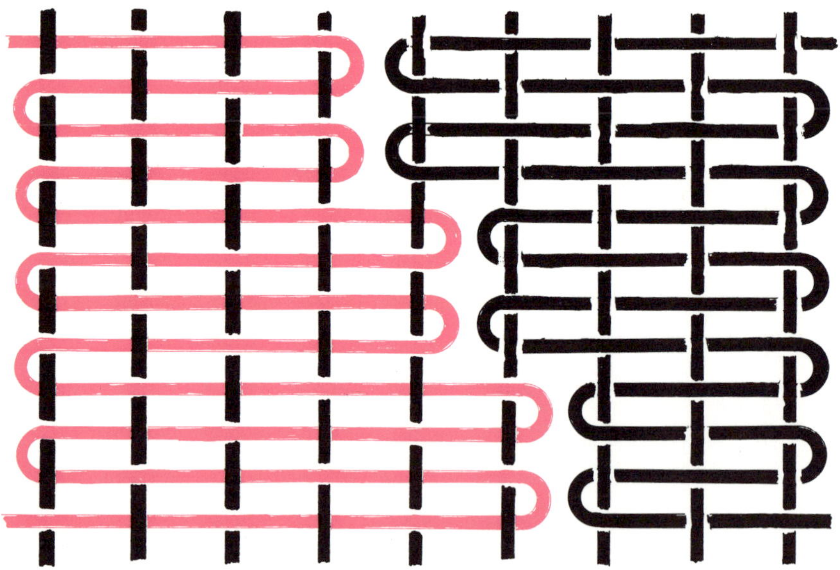

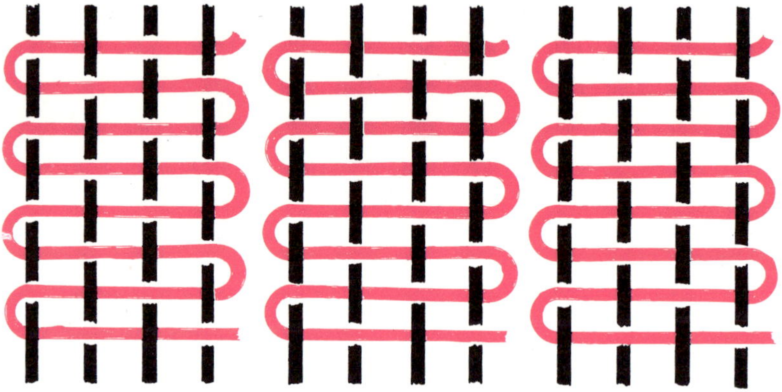

Lange *senkrechte Flächen* werden wie Bänder gewebt. Stören die Schlitze, können sie später auf der Rückseite zugenäht werden.

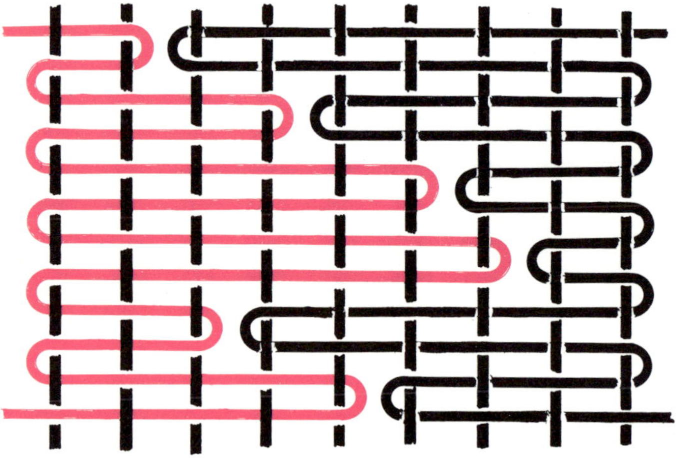

Ineinanderlaufende Farben webt man wie die Zeichnung zeigt. Beide Farben werden gleichzeitig eingelegt. Es ist sehr wichtig, daß die Schußfäden beim Eingeben paarweise gegenläufig angesetzt sind. Zwei Farben laufen also von außen aufeinander zu, beim nächsten Schuß voneinander weg.

Bei 3 Farben muß der dritte gegenläufig mit dem zweiten liegen usw.

Abb. 45 Wandbehang „Abend", Größe 60/100, mit Leinenkette 16/2, Kamm 40/10, Schuß handgesponnene Wolle. Es ist vor allem die Technik mit Farbübergängen verwendet. Für den halbrunden Abschluß unten wurden erst 3 Schußfäden nach Form in die Kette eingelegt, dann von der Mitte her mit dem Schuß in waagerechtem Verlauf aufgefüllt. Die drei ersten Schußfäden sind später wieder herausgenommen worden. ▷

Wellenlinien wie im Wandbehang Abb. 40 arbeitet man erst mit einem kleinen Hügel vor und kann dann über das ganze Stück eine Kontur oder breitere Fläche legen. Die Welle darf nicht zu steil sein, sonst beult das Gewebe nachher.
▽

Wandbehang Abb. 48 „Kleine Inseln", Größe 80/160 hat eine rote Leinenkette 16/2 im Kamm 40/10. Die Farbe verläuft von dunkelrot an den Seiten bis hell zur Mitte hin. Der Schuß ist handgesponnene Wolle, naturfarbig und mit Pflanzen gefärbt. ▷

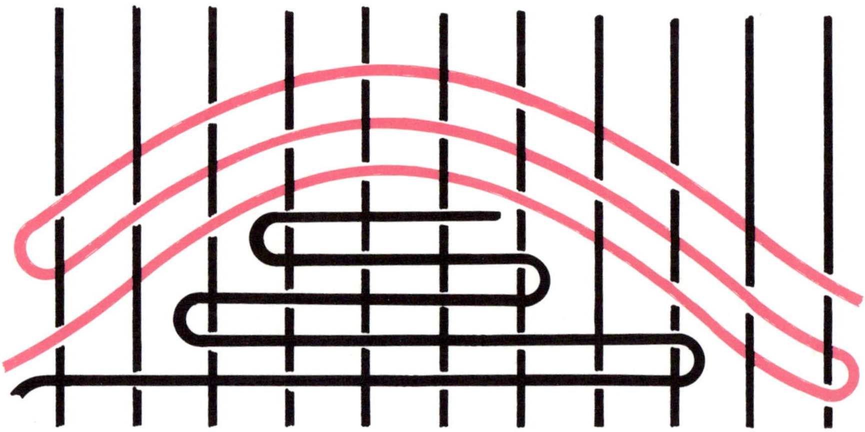

Kleine Farbtupfer webt man wie die Zeichnung zeigt.
▽

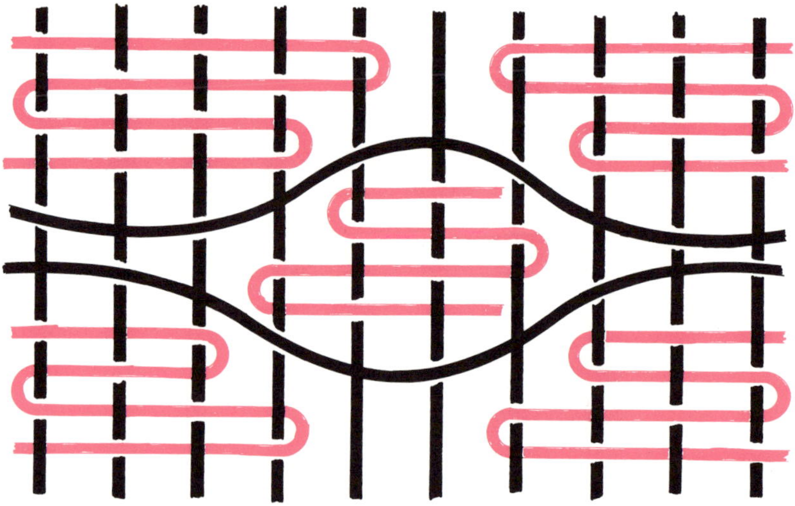

Raffschlinge

Diese Webtechnik ist einfach zu weben, zudem vielseitig und dekorativ, vor allem wenn man sie mit anderen zuvor beschriebenen Techniken verwendet. Es werden dabei mehrere Fäden zusammengezogen – mit einem Knoten, wenn es sich um Kettfäden handelt – mit einem Schlingstich, wenn Schußfäden gerafft werden sollen.

Abb. 51 zeigt den *Wandbehang „Sommerwiese", Größe 55/85* mit Raffschlingen im Schuß. Kette und Schuß ist Webwolle 7/2 in gelb und grün, der Kamm 40/10. Es wurden 12 Fäden eingezogen, Loch und Schlitz freigelassen usw. Der Anfang ist oben. Die Streifen sind in Halbgobelin gewebt. Auch dazwischen ist diese Technik verwendet. Zusätzlich sind Perlen eingewebt (siehe Seite 57). Die Kettenden sind zu Fransen verarbeitet. ▷

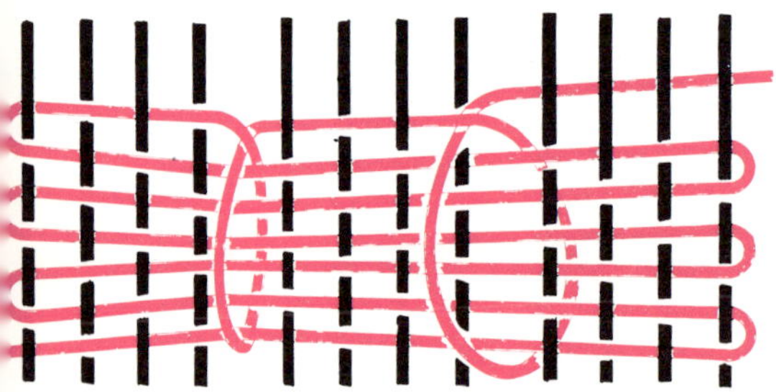

△

Beim *Zusammenziehen des Schußfadens* braucht man in jedem Fall ein Fadenende, das in eine lange Webnadel eingefädelt wird. Man geht erst ein Stück durch das Fach, dann umsticht man mehrere Schußfäden zwischen 2 Kettfäden und macht eine einfache Schlinge, wie in *Zeichnung 49* gezeigt, wieder ein Stück durch das Fach, ein neuer Schlingstich usf. Den Faden gut anziehen, damit die Schußfäden fest zusammenrutschen. Das geht noch besser, wenn an der Schlingstelle 2 oder mehrere Kettfäden nicht eingezogen wurden. Gut sieht es aus, wenn der erste und letzte zusammengeraffte Schußfaden dicker und andersfarbig ist.

Beim Raffen der Kette umfaßt man ein ganzes Bündel und schlingt einen einfachen Knoten. Dann die nächste Fadengruppe usw., *Abb. 50.* Es können auch Einzelgruppen innerhalb des Gewebes zusammengebunden werden. Am besten nimmt man ein Fadenende dazu, lang genug, daß es für alle Raffknoten einer Reihe reicht. ▽

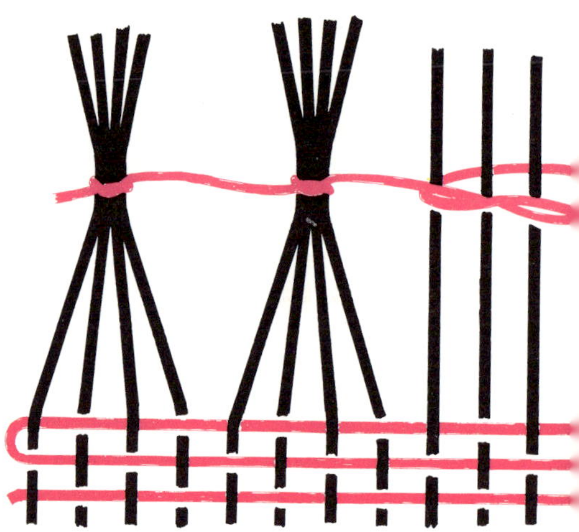

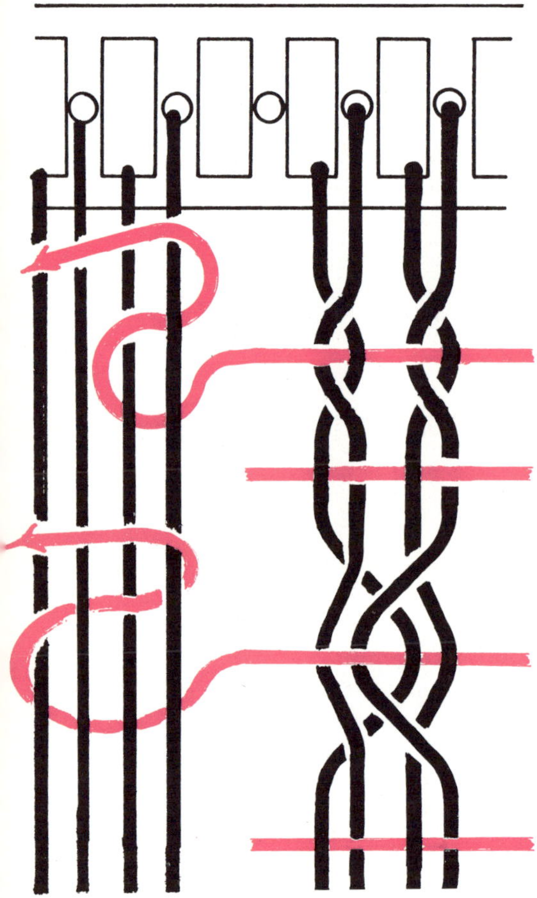

Dreher

Beim Dreher werden die Kettfäden gruppenweise verschränkt. Man bekommt eine hohlsaumartige Wirkung. Das Prinzip zeigt *Zeichnung 52*. Der Kamm steht dazu im Hochfach. Man erfaßt mit der rechten Hand von rechts her kommend einen Schlitzfaden, zieht ihn nach oben und drückt den entsprechenden Lochfaden nach unten. Der Schlitzfaden muß hinter dem Lochfaden liegen, von der Greifrichtung der Hand her gesehen. Ein Schlitzfaden nach dem anderen wird aufgegriffen und der entsprechende Lochfaden heruntergedrückt.

Ist die Hand voll, so werden die Fäden auf einen Trennstab gelegt.

Ist die Reihe fertig, wird der Trennstab hochkant gestellt und der Schußfaden eingelegt. Bevor man den Trennstab wieder herauszieht, den Schußfaden damit vorschieben so weit es geht.

Jetzt den Kamm umstellen ins Tieffach und einen Schuß einweben – die Dreherreihe ist fertig.

Anschließend kann von neuem gedreht werden, man kann jedoch auch andere Partien dazwischen weben.

Aufgegriffen werden können Einzelfäden, zwei oder drei Fäden, eine ganze Reihe oder Einzeldreher, *wie Abb. 53* zeigt. ▷

Abb. 54 zeigt Dreher, gegriffen mit jeweils 2 Fäden, die so gearbeitet sind, daß das Fadenpaar für die Drehung in der 2. Reihe versetzt zur ersten steht. Die Dreher im Wandbehang *Abb. 60* sind in derselben Art gemacht. ▷

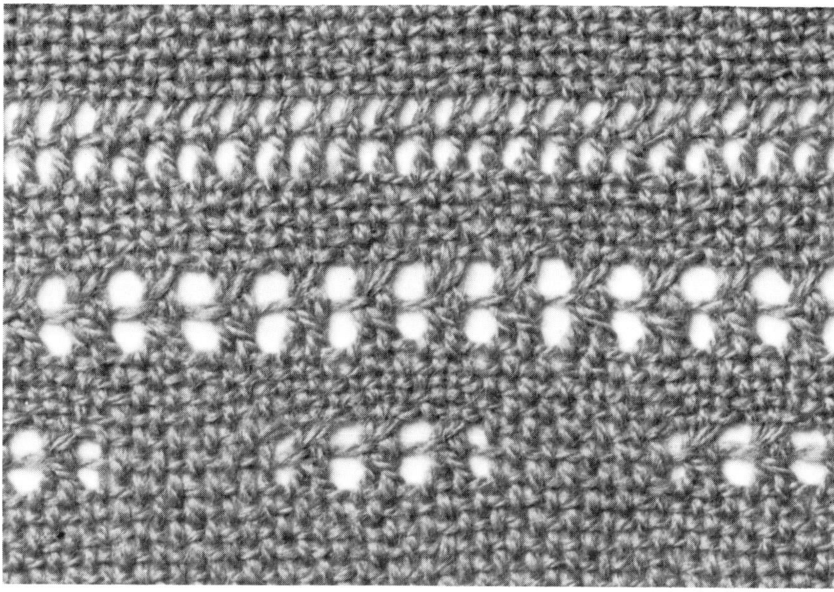

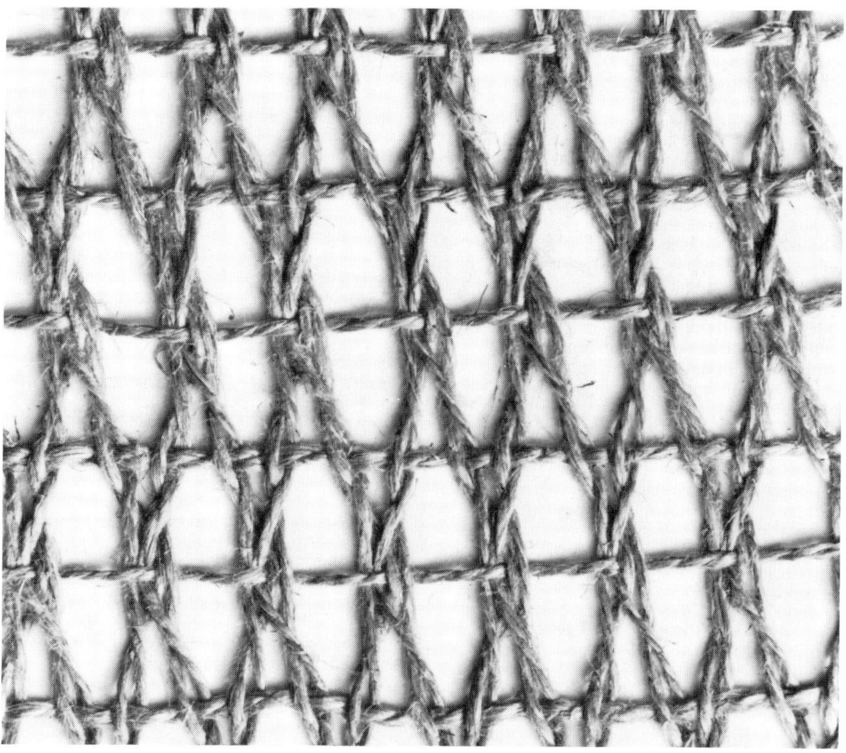

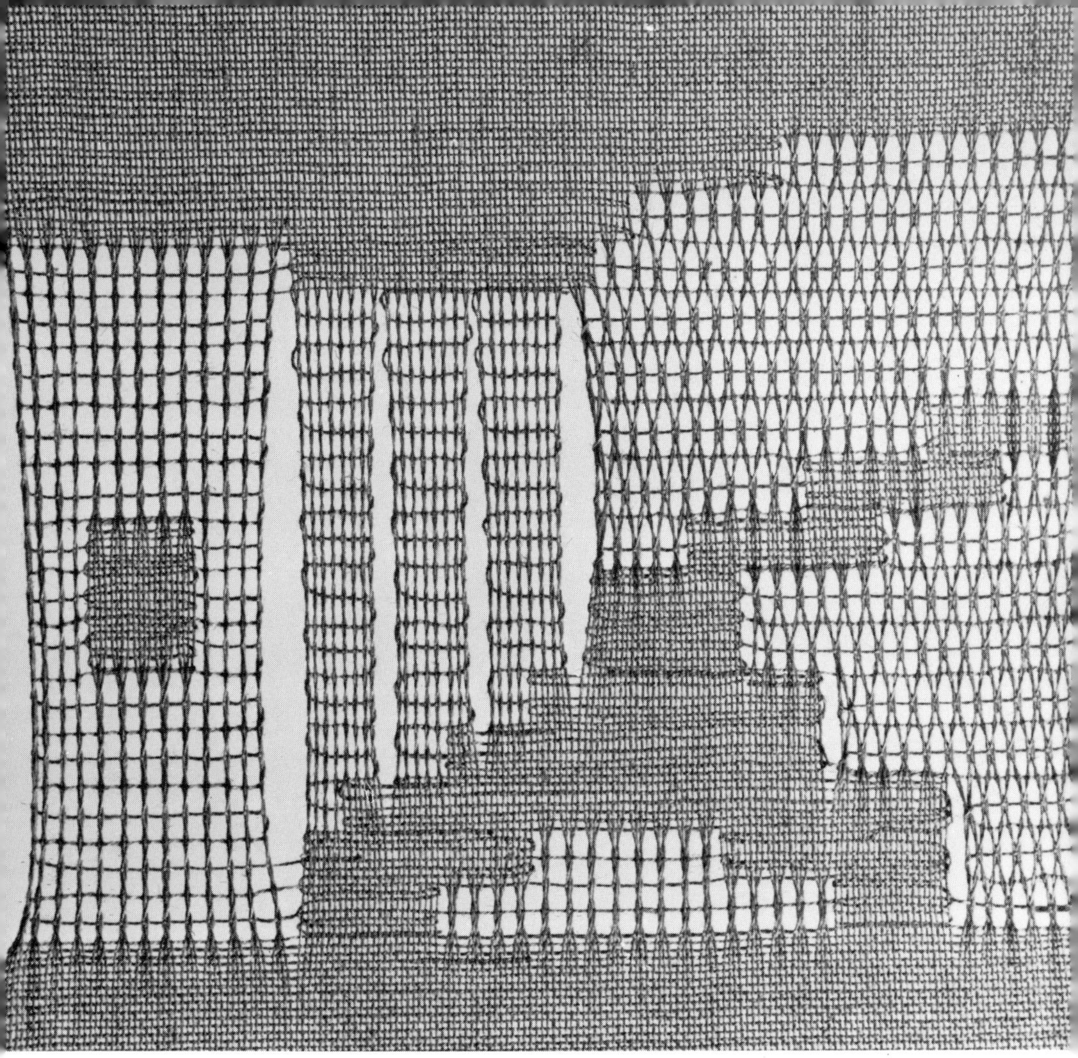

△

Abb. 55 zeigt verschiedene Dreherarten abwechselnd mit Leinwandbindungsflächen. Der Schußfaden geht dabei nicht mehr über die ganze Fläche. Die Dreher wurden jedoch immer in der ganzen Breite geplant und gedreht.

Der *Wandbehang „Fichtenbäume im Norden", Abb. 56, Größe 110/170* besteht aus drei Teilen und ist in Mischtechnik gewebt (mittlerer Teil ist 60 cm breit). Halbgobelin, kleine Dreherpartien und Raffschlingeneinsätze wechseln. Außerdem wurde die Kette in Streifen eingezogen, so daß die breiten Schlitze entstanden. Material: Webwolle 7/2 in Kette und Schuß, Kamm 40/10. ▷

Sumak

Sumak ist eine alte Technik, die vor allem im Balkan verwendet wurde. Die traditionelle Webart sieht aus wie gestrickt. Hier wollen wir uns nicht mit dieser, sondern einer Abwandlung beschäftigen. Diese Schlinge eignet sich gut für plastische Konturen oder Flächen wie etwa in Wandbehang *Abb. 60,* dessen aufliegende Noppen mit Sumakschlingen gewebt sind.

Wie die Zeichnung zeigt, wird der Schußfaden stückweise ins Fach gelegt, z. B. 4 Kettfäden vor im Fach, dann über die Kettfäden gezogen 2 Fäden wieder zurück und wieder ins Fach, 4 vor und so weiter.

Abb. 59 zeigt verschiedene Sumakreihen.

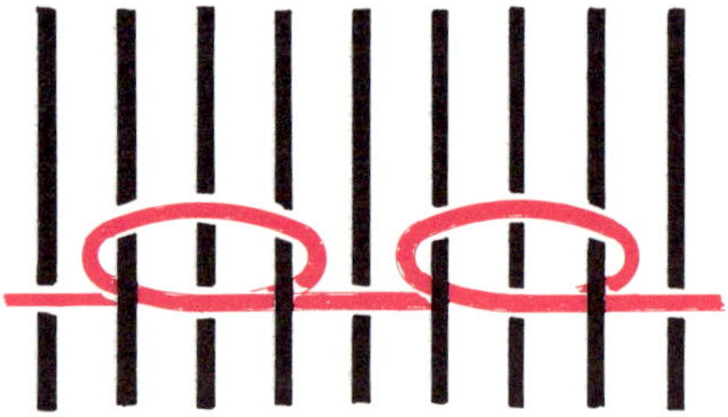

Man kann so auch eine Fläche fortlaufend beweben, wechselt dann nach jeder Reihe das Fach. Für Konturen reicht eine Reihe, die nicht über die ganze Breite zu gehen braucht.

Zeichnung 58 zeigt einen Schnitt durch die Kettfäden.

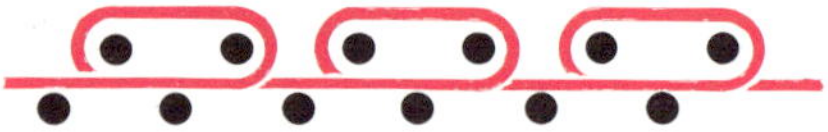

Abb. 60 Wandbehang „Tafelberge", Größe 80/85. Material für die Kette: Leinen 16/2 doppelt, Kamm 40/10. Die mittlere Partie ist Dreher, das Motiv ist im wesentlichen Sumak mit einzelnen Leinwandschüssen dazwischen. Oben etwas eingelegte Rohwolle. Das Material für die Sumakschlinge ist ungesponnene Seide, dazwischen Handspinnwolle und -seide.

Spanische Spitze

Zum Schluß noch eine reizvolle Technik, die Spanische Spitze, gelegentlich auch als Durchbruchtechnik bezeichnet. Im Grunde ist es Leinwandbindung, doch läuft der Schußfaden nicht durch das ganze Gewebe, sondern nur über kleine Streifen mehrmals hin und her, bis er zum nächsten Streifen überwechselt, da unten anfängt und sich nach oben zieht, zum nächsten Intervall läuft usw.

Abb. 62:
Wandbehang Größe 60 x 100 in der Grundtechnik Spanische Spitze, Kamm 40/10, eingezogen 10 Fäden, freigelassen 6 Löcher und Schlitze (gesamt). Material: Webwolle 6/2 in der Kette, im Schuß unregelmäßig gesponnene Zweidrahtwolle (Ondeegarn). ▷

Die Zeichnung *Abb. 61* zeigt den Fadenverlauf.

Am dekorativsten ist die Technik in einer nur in Streifen eingezogenen Kette.

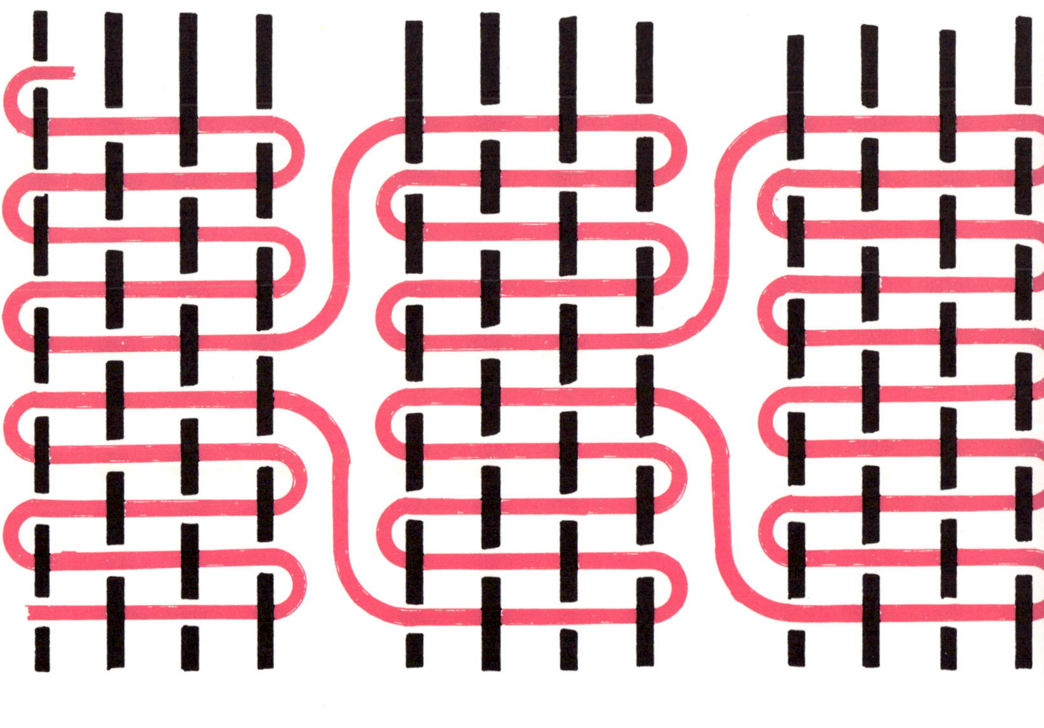

Um die immer noch etwas strengen Streifen aufzulockern wurden im Wandbehang *Abb. 64* die Kanten der einzelnen Abteilungen nicht glatt und sauber gewebt, sondern teilweise mit Schlingen versehen.

Wandbehang Abb. 64, Größe 85/180, Material in der Kette Leinen 16/2, doppelt in rehbraun, Kamm 30/10.
Der Schuß ist Bauernleinen in naturfarbig, olivgrün, dunkles wasserblau, und als Effekt Perlen. ▷

Abb. 63 zeigt ein kleines Muster in dieser Art.

Einweben von Perlen

Zur Ergänzung von Struktur und Farbe in einem Bildgewebe lassen sich gelegentlich gut kleine Effekte mit untextilem Material einweben. Vor allem Perlen sind gut dafür geeignet, natürlich auch andere kleine Dinge wie Muscheln, Holzstückchen, Zäpfchen und anderes. Ein bißchen muß man vorher planen, wenn das Gewebe so groß wird, daß es aufgewickelt werden muß, da alles Aufliegende auch hier aufträgt, ganz davon abgesehen, daß es überhaupt aufrollbar sein muß.

Für die Verwendung von Perlen oder Muscheln (die man am besten locht), gibt es verschiedene Möglichkeiten. Hier werden 3 Vorschläge gezeigt:

Abb. 65 zeigt ein Detail von Wandbehang 51. Die Perlen sind auf den Schußfaden aufgefädelt, jeweils so viele Perlen auf einmal, wie man in einer Reihe braucht. Der Schußfaden wurde eingelegt und die Perlen an der gewünschten Stelle etwas vor das Gewebe gezogen. Mehrere Perlenreihen übereinander mit der zusätzlichen Raffung ergaben dann diesen dichten Effekt.

Die Schemazeichnung zeigt wie die Perlen eingewebt werden.

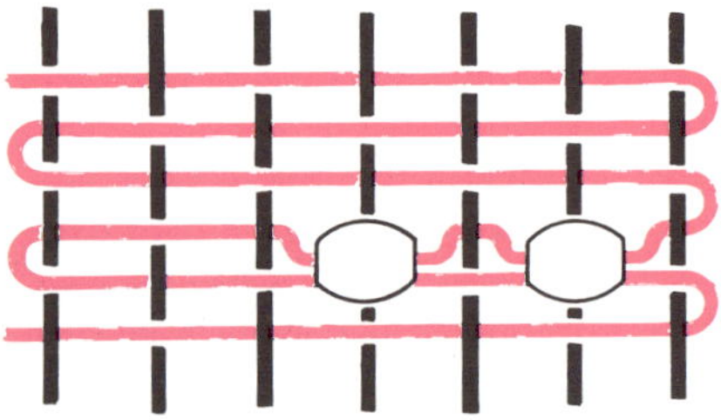

Zweite Möglichkeit:
2 oder mehr Perlen werden mit einem oder mehreren Fäden im Abstand zusammengeknotet, wie die Zeichnung zeigt. Diese vorgerichteten Gehänge werden ins Gewebe eingelegt, gehalten von 2 bis 3 Kettfäden.

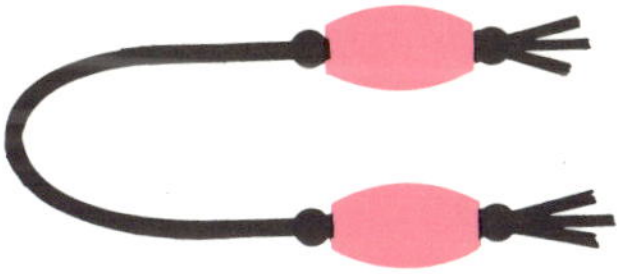

Abb. 68 zeigt ein Detail von Wandbehang *Abb. 64* bei dem die Perlen in dieser Art eingewebt sind. Auch der Wandbehang *Abb. 38* hat solche Gehänge als Effekt, die aus Bauxitperlen und Eukalyptusfrüchten gemacht wurden.

Eine dritte Möglichkeit ist in *Abb. 69* gezeigt, wo die *Perlen in ein Drehergewebe* eingelegt sind.
Wenn die Dreher alle gegriffen sind und der Trennstab hochkant steht, legt man den Schußfaden mit den aufgefädelten Perlen ein und verteilt diese in den Zwischenräumen nach Belieben.

Abschlußarbeiten

Ist der Wandbehang fertig gewebt, so legt man sicherheitshalber noch einige Schußfäden mehr ein als gebraucht werden, da die letzten 3 bis 4 Schuß sich vom Gewebe wieder lockern können beim Abnehmen. Man kann sie nachher wieder herausnehmen.

Möglich ist auch, wenn die restliche Länge der Kette nicht mehr um den Kettbaum herumläuft oder nicht gebraucht wird, einzelne Fadenpaare alle 5–10 cm aus dem Kettbaum zu nehmen oder abzuschneiden und mit einem einfachen Knoten zu versehen, um so den letzten Schußfaden zu sichern. Man kann auch einen Faden mit ein paar großen Überwendlichstichen um das Gewebeende legen, den man später wieder herauszieht.

Mehrere Möglichkeiten also, die am besten ausprobiert werden.

Dann wird das Gewebe aus dem Rahmen genommen und die Fäden aus dem Kamm herausgezogen. Die Schußfadenenden werden, falls nötig, verstopft, gerissene Kettfäden oder Knoten verwahrt und abgeschnitten, die Kanten gesichert.

Im allgemeinen muß man den Behang dann noch gut dämpfen, ihn evtl. zuvor in ein feuchtes Tuch für längere Zeit einrollen. Sind plastische Stellen im Behang, die man nicht dämpfen möchte, oder ist er sehr wellig, kann man ihn auch feucht auf ein Brett spannen und so trocknen lassen.

Für die Aufhängung gibt es viele Möglichkeiten, die man entweder vorher planen kann oder hinterher entscheidet, je nach Entwurf.

Wird gesäumt, so sollte dies von Hand gemacht werden, wobei man evtl. einen Hohlsaumstich verwenden kann. Jedenfalls kann vorher die Kante mit der Nähmaschine abgenäht werden, um die letzten Schußfäden zu halten.

Ist der Saum zu schmal oder vergessen worden zu weben, so kann man ein breites Nahtband als Saum ansetzen.

Es kann auch ein Stab z. B. aus Bambus gleich mit eingewebt werden. Dieser muß unbedingt gerade sein, so daß er sich mit aufrollen läßt.

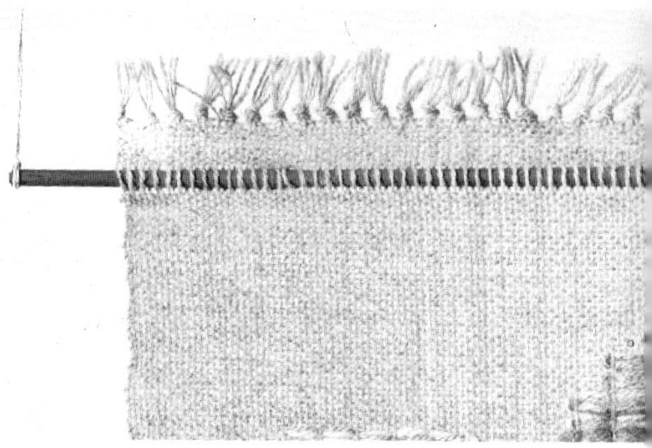

Interessant sind auch Äste als Aufhängung. Hier muß jedoch schon vorher bedacht werden, daß sie meist nicht gerade sind. Wenn das Gewebe nicht schief hängen soll, muß entsprechendes eingeplant werden.

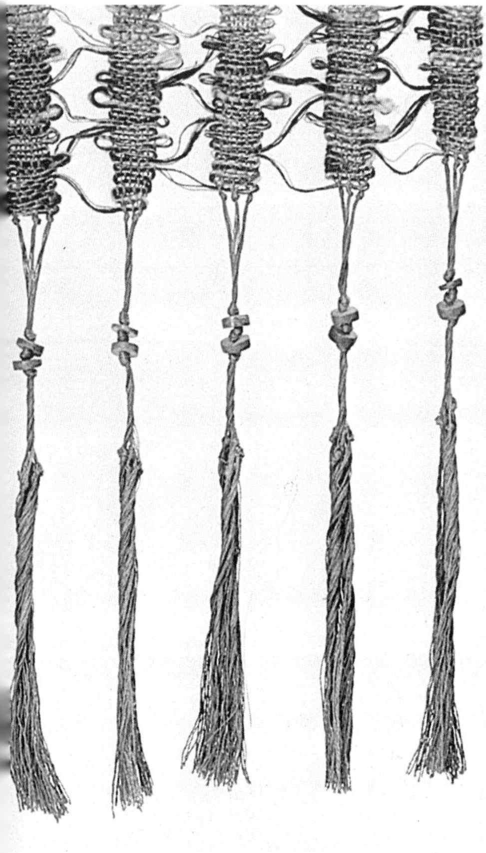

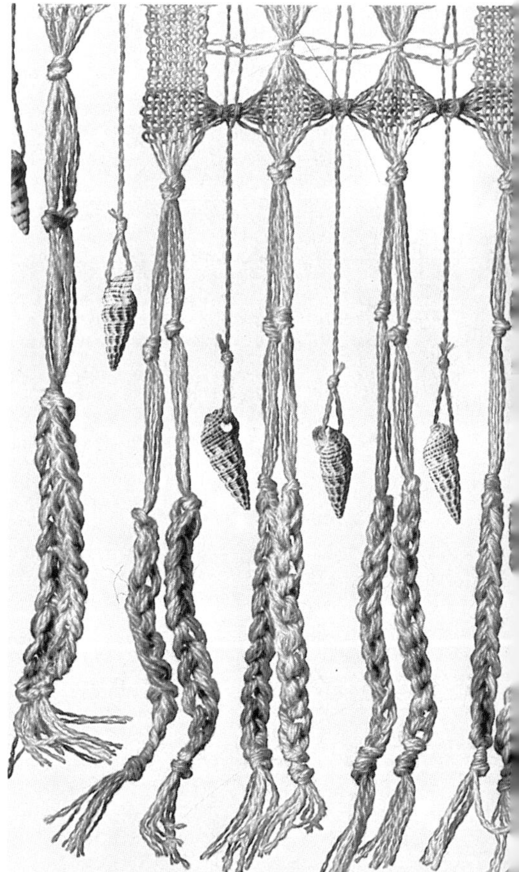

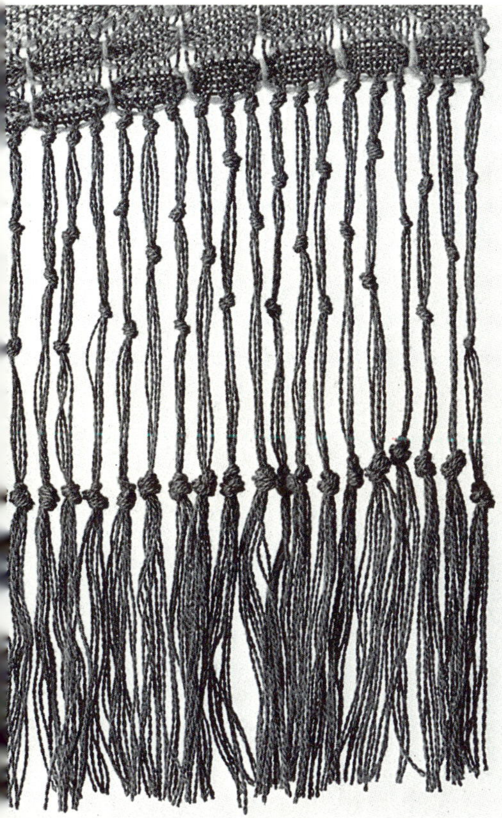

Der Abschluß unten beeinflußt das Gesamtbild genauso wie die Aufhängung und der Gewebeentwurf. Manche Behänge sind auch zu leicht. Damit sie gut hängen, brauchen sie Gewicht nach unten. Auch hier läßt sich einiges machen, z. B. mit einem Saum, in den man eine Stange oder Bleischnur hängen kann oder Fransen mit eingeknüpften Perlen, Muscheln und ähnliches.

Manche Kettfäden wirken als Fransen zu dünn. Man kann sie noch als Luftmaschen häkeln, wenn die Länge dazu reicht *(Abb. 73)* oder fülliger machen durch Einknoten von Zusatzfäden *Abb. 74.* Dies kann man am Gewebeansatz oder weiter unten machen, je nachdem was besser aussieht. Wie es gemacht wird, zeigt die *Zeichnung 75.*

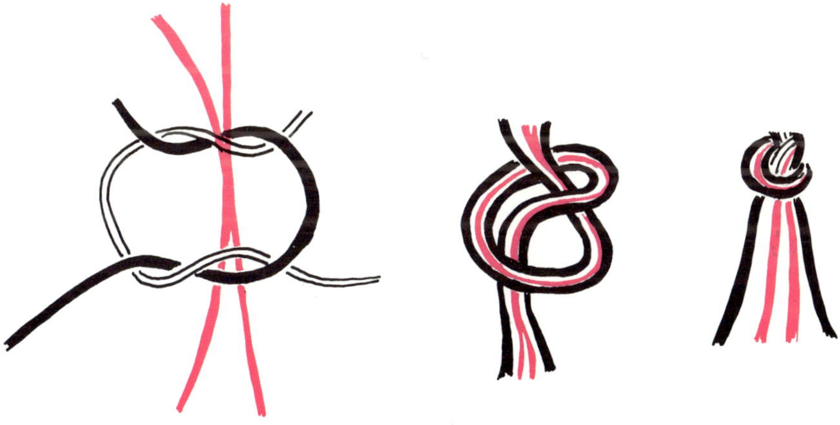

Abb. 76 zeigt einen *Fleckerlteppich* in der *Größe 80/120* aus geschnittenen Stoffstreifen, der jedoch nicht für den Fußboden, sondern als Wandbehang gedacht ist. Das Kettmaterial ist Leinen 16/2 im Kamm 40/10. Es wurden Stoffstreifen geschnitten in der Breite von 2–4 cm je nach Material (dünne Stoffe wie Blusen, Futterstoffe u. a.). Um das Bild zu bekommen, wurden diese Streifen farbig sortiert und entsprechend dem Entwurf ins Gewebe eingelegt. Oft mehrere Stücke in einer Breite. An beiden Enden wurden sie schräg geschnitten und an den Farbübergängen ca. 3 cm übereinander gelegt. ▷

Seite 30

Bei *Abb. 33 „Seesterne", Größe 50/115* sind beide Rafftechniken, Kette und Schuß, zusammen verarbeitet. Webmaterial in Kette und Schuß ist Wolle 7/2, Kamm 40/10. Der Einzug: 10 Fäden eingezogen, 4 freigelassen, 2 Fäden eingezogen, 4 freigelassen . . . , an der Kante abgeschlossen mit 10 eingezogenen Fäden. Im gerafften Teil wurde der Knoten bzw. die Schlinge jeweils 2 x gemacht, immer vor und hinter den 2 Mittelfäden. Dabei ist die Verkreuzung der Mittelfäden beachtet.

Weiterführende Literatur:

Schöpferisches Weben von Ursula Kircher
erschienen bei: Walter Kircher, Marburg/Lahn